Général ARTHUR BOUCHER

L'Infanterie sacrifiée

ÉDITIONS BERGER-LEVRAULT

L'Infanterie sacrifiée

PRINCIPAUX OUVRAGES DU MÊME AUTEUR

L'Armée idéale. 1905 (Charles-Lavauzelle).

La France victorieuse dans la guerre de demain. 1911
(Berger-Levrault).

La Tactique grecque à l'origine de l'histoire militaire.
1912 (Extrait de la *Revue des Études grecques*).

L'Anabase de Xénophon ou la Retraite des Dix-Mille.
1913 (Berger-Levrault). *Ouvrage couronné par
l'Académie française.* (Épuisé.)

La Bataille de Platées, d'après Hérodote. 1915 (Extrait
de la *Revue archéologique*).

Marathon, d'après Hérodote. 1920 (Berger-Levrault).

L'Art de la guerre il y a vingt-trois siècles. 1923 (Berger-Levrault).

Les Doctrines dans la préparation de la grande guerre.
1925 (Berger-Levrault).

L'Art de vaincre aux deux pôles de l'Histoire. 1928
(Berger-Levrault). *Ouvrage couronné par l'Académie française.*

Marc Ezy, 1928.

Général ARTHUR BOUCHER

L'Infanterie sacrifiée

PARIS
ÉDITIONS BERGER-LEVRAULT
5, Rue Auguste-Comte (VIᵉ)
1930

REQUÊTE OUVERTE
ADRESSÉE AU HAUT COMMANDEMENT

Cette requête a pour objet la revision, intéressant l'infanterie, d'un principe qui est à la base de notre doctrine militaire actuelle.

Le présent livre a été écrit pour justifier cette revision.

L'auteur doit, tout d'abord, faire connaître à quel titre il la demande et comment il a été amené à la demander.

Il appartient à la génération qui a fait effectivement les deux guerres, et dont les représentants se comptent maintenant par unités.

Il peut se proclamer le plus ancien fantassin de France :

Le 5 novembre 1854, il était inscrit sur les contrôles du 27e régiment de ligne, comme enfant de troupe, à la 4e compagnie du

3e bataillon, où il servit ensuite comme tambour de 14 à 18 ans.

Bien longtemps après, il a eu le très rare honneur de commander le même régiment, le 101e, dix années consécutives.

Pendant la grande guerre, doyen d'âge des combattants, il a commandé, comme colonel, trois brigades d'infanterie territoriale, les deux régiments de l'une d'elles, la 177e, seuls de leur arme ayant la fierté de porter la fourragère.

Enfin, il a eu l'honneur, plus rare encore, de porter, pendant dix-neuf ans, les galons de colonel.

Il a donc été, en même temps que le plus ancien des fantassins, le plus ancien des chefs de corps d'infanterie.

Ces renseignements personnels pourront n'avoir qu'un médiocre intérêt pour le lecteur. Nous devions les lui fournir; il comprendra maintenant pourquoi nous avons conservé jusqu'à l'âge le plus avancé le culte de l'arme qui nous a élevé, pour nous grandir ensuite, et aussi pourquoi, aujourd'hui qu'elle a besoin d'être défendue, nous considérons comme un devoir impérieux de nous faire son défenseur.

Dans *l'Art de Vaincre*, nous avons eu l'orgueil de constater que le courage de notre armée, et particulièrement de notre infanterie, avait étonné le monde, et nous ne mettions pas en doute que ce fait ne fût de nature à donner fortement à réfléchir aux peuples qui seraient tentés à l'avenir de nous chercher querelle.

Absorbé par notre étude de la Grande Guerre, nous avions négligé de nous tenir au courant de ce qui s'était passé depuis. Aujourd'hui, quelle désillusion! Il y a quelques mois seulement, un livre nous est tombé sous les yeux. Il avait pour auteur (1) un colonel d'infanterie et portait comme dédicace : « A l'artisan premier de la victoire; à la sacrifiée; notre infanterie, avec admiration, avec vénération, avec amour, nous dédions ce livre ».

Nous n'avons pu alors retenir ce cri : l'in-

____

(1) Colonel ALLÉHAUT : *La guerre n'est pas une industrie*. 1925. Berger-Levrault, éditeurs.

fanterie sacrifiée ! ce serait une criminelle injustice ! comment pareil fait a-t-il pu se produire ?

Nous avons alors ouvert ce livre. Son auteur déduisait sa conclusion du commentaire, de l'opinion d'un major allemand, opinion que résument ces mots : « Le dogme de la supériorité du feu proclamé à chaque pas, par le règlement français, a pour conséquence inévitable la sujétion de l'infanterie aux armes à matériel, l'amoindrissement de ses effectifs, au bénéfice de ceux de ces dernières, sa déchéance du rang d'arme principale. Ce qui est le plus grave encore, ce dogme tue le moral de l'infanterie. En un mot, il a amené la ruine de l'infanterie française ».

Inutile d'insister sur le sous-entendu que comportait pareille constatation.

Le règlement visé particulièrement était : l'*Instruction provisoire sur l'emploi tactique des grandes unités, du 6 octobre 1921*, qui représente ce qu'on appelle la Charte de l'armée française.

Nous en avons pris connaissance. Disons tout de suite qu'il ne nous a guère paru justifier cette dernière qualification. En effet, nous avons eu quelque peine à en extraire le principe fondamental de notre nouvelle doctrine de guerre. Il nous a fallu aller à la page 63 pour le découvrir.

« ART. 101. — Dans la conduite de la bataille, comme dans celle du combat, le commandement met en œuvre, les éléments suivants : le feu, la valeur des troupes...

« Le feu est le facteur prépondérant du combat ». Or, nous avions lu à la page 10, Rapport au ministre : « L'expérience de la guerre a montré l'importance primordiale des facteurs moraux : le courage, la discipline, le patriotisme », ce que contredisait l'article 101.

Page 25, l'article 18 dit : « L'artillerie est, par excellence, l'arme du feu; le feu est son moyen d'action unique ». Il en résulte forcément, d'après l'article 101, que l'artillerie est maintenant devenue l'arme principale. Or, à la page précédente, l'article 11 proclame « l'Infanterie est chargée de la mission principale au combat ». Nouvelle contradiction que l'officier allemand qualifie ainsi : « Le fait d'écrire que l'infanterie est l'arme principale, — et il aurait pu ajouter le fait de rappeler l'influence du courage à la guerre — ne sont qu'une réminiscence des temps passés, faite pour « induire en erreur », en termes vulgaires : « pour dorer la pilule au fantassin ».

Comment la commission chargée de l'élaboration de nos règlements a-t-elle été amenée à mettre à la base de la nouvelle charte de l'armée, en première ligne, le feu et, par conséquent, son représentant l'artillerie et, en seconde ligne, le courage ou valeur et, par conséquent, son représentant essentiel, l'infanterie?

Nous étions nous-même arrivé à des conclusions absolument contraires dans notre *Art de Vaincre*. Nous avions pu nous tromper.

Pour en avoir le cœur net, nous nous sommes assigné comme tâche de procéder à une nouvelle enquête en vue de déterminer particulièrement quelle avait été la part respective du courage et de la puissance du feu dans nos succès et dans nos insuccès.

Notre premier examen a porté sur ce qui s'est passé au cours des mois d'août et septembre 1914. Nous en avons profité pour ruiner cette légende, créée et entretenue par l'artillerie, à savoir qu'à la bataille des frontières qualifiée par cette expression : les hécatombes de 1914 — le commandement a inutilement gaspillé la vie de nos soldats parce qu'il n'avait pas fait « préparer les attaques ».

Nous avons démontré que cette première et grande rencontre, en ayant eu pour effet de faire échouer la manœuvre sur laquelle l'ennemi comptait absolument pour nous obliger, en quelques jours, à déposer les armes, a été la cause première et primordiale du succès final de nos armes, et nous avons appris à nos chers et si modestes fantassins, qui semblent encore l'ignorer, que cette victoire stratégique est due, avant tout, à l'héroïsme dont ils ont fait preuve et qui doit les couvrir d'une gloire immortelle.

Nous sommes alors arrivé à la victoire de la Marne. C'est là un des événements les plus remarquables de l'histoire. Peut-on, un seul instant, mettre en doute qu'elle ne soit due au génie de Joffre, si activement secondé, avant tout, par le courage de nos soldats?

Nous avons ensuite abordé la guerre de position de la fin de 1914 au commencement de 1918, au cours de laquelle le commandement demandait simplement à notre artillerie de faire une brèche de quelque importance dans le front ennemi, et nous avons constaté que la puissance du feu n'est jamais parvenue à produire ce modeste résultat, tout en donnant lieu à des luttes de trois longues années, luttes autrement sanglantes que celle des deux premiers mois.

Notre enquête nous a permis toutefois de constater que, dans deux actions, on a pu dire que c'est la puissance du feu qui nous a valu le succès ou, pour employer l'expression du moment, on a pu dire que l'artillerie avait « conquis », l'infanterie n'ayant eu qu'à « occuper ». Ce sont les deux batailles secondaires (trois ou quatre corps seulement étant engagés) du Mort-Homme (20 août 1917) et de la Malmaison (23 octobre 1917). Nous en reparlerons plus loin.

Enfin, nous sommes arrivé à la période des huit derniers mois, où le commandement suprême était exercé par Foch, cet artilleur unique en son genre, qui ne voyait dans une bataille qu'une lutte de forces morales et qui, mis lui aussi en présence d'un problème de guerre, des plus difficiles, sut le résoudre en ne cessant de commander à ses soldats : « Attaquez, attaquez ! Faites acte de courage. » Ce qui lui a permis d'obliger le plus redoutable des adversaires, à se déclarer vaincu.

Nous n'avons pas voulu borner là notre enquête. Nous avons jugé nécessaire de savoir comment les techniciens appréciaient le rôle joué par l'artillerie au cours de la campagne. Nous nous sommes adressé à celui qui pouvait le mieux nous renseigner, à celui qui a exercé les hautes fonctions de grand maître de l'artillerie, au général Herr. Nous avons ouvert son livre : l'*Artillerie ce qu'elle a été, — ce qu'elle est, — ce qu'elle doit être* (1).

Nous considérons cette œuvre comme un véritable monument, élevé par lui, à la valeur de ses compagnons d'armes ; ceux-ci peuvent être fiers d'avoir eu un pareil défenseur de leur cause.

______

(1) 1923. Berger-Levrault, éditeurs.

Dès les débuts, le grand maître nous annonce que l'artillerie est l'arme des succès décisifs, et ses conclusions ne sont qu'un cri de triomphe : ce qu'a été l'artillerie? l'arme dont la puissance du feu nous a procuré la victoire, tout en élevant le moral des fantassins et en ménageant leur vie. Ce qu'elle doit être? l'arme principale, dotée de moyens de plus en plus puissants, pour nous redonner cette victoire dans l'avenir.

Nous avons voulu savoir sur quels faits de guerre, Herr appuyait sa conviction. En cherchant bien, nous n'avons trouvé que les batailles précitées du Mort-Homme et de la Malmaison.

D'un côté, il juge ces deux affaires de la manière la plus sévère, en constatant qu'on y a dépensé des millions de projectiles, représentant en monnaie actuelle des milliards de francs, pour arriver à ce minime résultat de déloger l'ennemi d'une position de trois kilomètres de profondeur; ce qui l'amène à conclure « qu'il faudra autre chose pour « obtenir la décision et amener la fin de la guerre ».

FL GUILLAUME TELL
D'ALTDORF
CL. WEHRLE . ZURICH

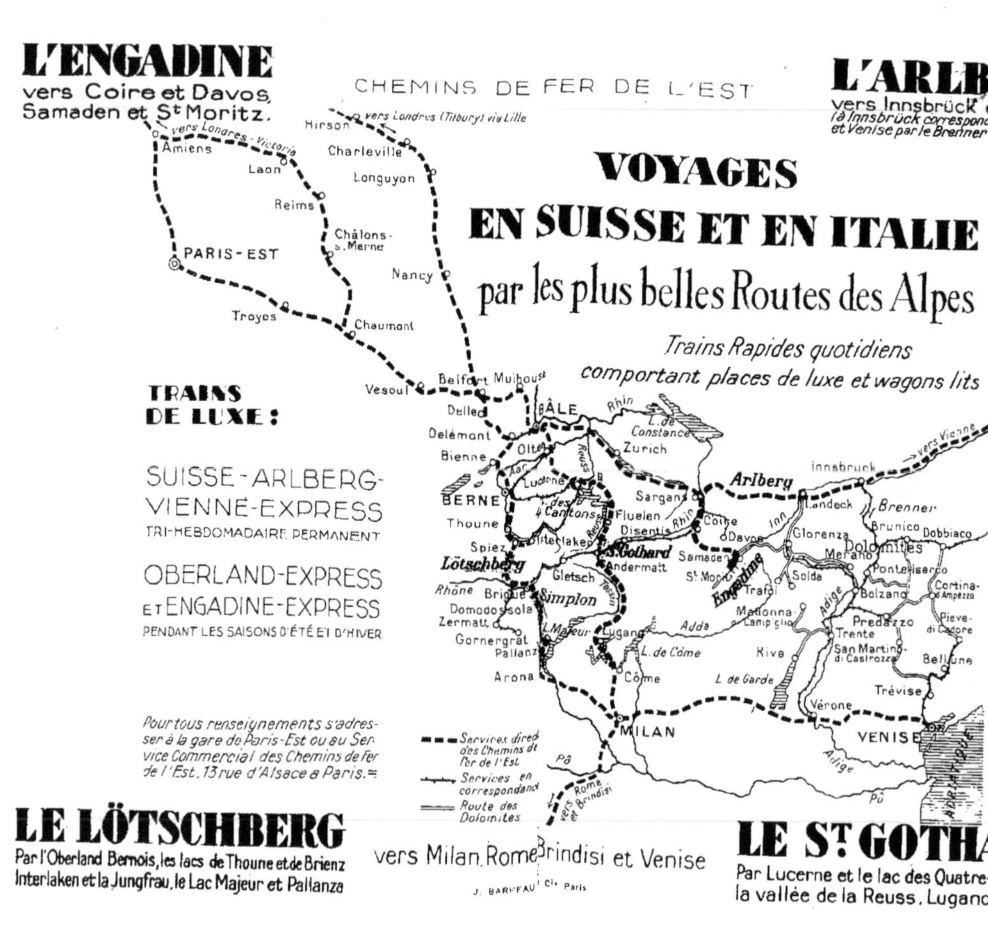

L'ENGADINE
vers Coire et Davos,
Samaden et St Moritz.

CHEMINS DE FER DE L'EST

L'ARLBE
vers Innsbrück et V
(à Innsbrück correspondance
et Venise par le Brenner et le

VOYAGES
EN SUISSE ET EN ITALIE
par les plus belles Routes des Alpes
Trains Rapides quotidiens
comportant places de luxe et wagons lits

TRAINS
DE LUXE :

SUISSE - ARLBERG-
VIENNE-EXPRESS
TRI-HEBDOMADAIRE PERMANENT

OBERLAND-EXPRESS
ET ENGADINE-EXPRESS
PENDANT LES SAISONS D'ÉTÉ ET D'HIVER

Pour tous renseignements s'adres-
ser à la gare de Paris-Est ou au Service Commercial des Chemins de Fer
de l'Est, 13 rue d'Alsace à Paris.

vers Londres (Tilbury) via Lille
Hirson
Charleville
Longuyon
Amiens
vers Londres-Victoria
Laon
Reims
Châlons-s.-Marne
PARIS-EST
Nancy
Troyes
Chaumont
Vesoul
Belfort Mulhouse
Delle
BÂLE
Delémont
Bienne
Olten
Rhin
L. de Constance
Zurich
vers Vienne
Innsbruck
BERNE
Lucerne
lac des 4 Cantons
Sargans
Arlberg
Landeck
Brenner
Thoune
Fluelen
Coire
Davos
Glorenza
Brunico
Dobbiaco
Spiez
Interlaken
Disentis
Rhin
Merano
Dolomites
Lötschberg
St Gothard
Andermatt
Samaden
St Moritz
Ponte
Cortina-d'Ampezzo
Rhône
Brigue
Gletsch
Simplon
Engadine
Trafoi
Solda
Bolzano
Domodossola
Zermatt
Madonna-di-Campiglio
Adige
Predazzo
Pieve-di-Cadore
Gornergrat
Pallanza
L. Majeur
Lugano
Adda
Trente
San Martino-di-Castrozza
Bellune
Arona
Côme
L. de Côme
Riva
L. de Garde
Vérone
Trévise
MILAN
Pô
VENISE
ADRIATIQUE
Pô
vers Rome et Brindisi

Services directs
des Chemins de
Fer de l'Est
Services en
correspondance
Route des
Dolomites

LE LÖTSCHBERG
Par l'Oberland Bernois, les lacs de Thoune et de Brienz
Interlaken et la Jungfrau, le Lac Majeur et Pallanza

vers Milan, Rome, Brindisi et Venise

J. BARREAU Cie Paris

LE St GOTHA
Par Lucerne et le lac des Quatre-Ca
la vallée de la Reuss, Lugano et

LE COLLEONE
DE VENISE

Mais, de l'autre côté, par une étrange contradiction, le grand maître constate que ces deux affaires « ont confirmé ce que l'on savait déjà de la puissance décisive de l'artillerie ». Et en remarquant qu'il y a eu là, parfois, plus d'artilleurs que de fantassins, il tire cette conclusion que l' « égalité des deux armes représente vraisemblablement la proportion à rechercher ».

Finalement, notre enquête nous a permis de découvrir que c'est uniquement sur les deux actions du Mort-Homme et de la Malmaison et, par conséquent, sur la base si douteuse qu'elles représentent, que reposent réellement et la doctrine du règlement actuel, et la prétention de l'artillerie à la qualité d'arme principale.

Pour nous, ce que la guerre a démontré, c'est évidemment la puissance écrasante du feu, c'est également le rôle très important qu'y a joué l'artillerie, mais ce qu'elle a démontré d'une manière beaucoup plus éloquente, c'est la puissance, encore plus écrasante, du courage de l'infanterie.

De là, la conclusion de notre livre : l'infanterie s'est montrée, comme toujours, l'artisan premier de la victoire.

La Commission qui a élaboré le règlement actuel en attribuant la prépondérance à l'artillerie dans les faits, alors qu'elle semble la réserver à l'infanterie dans les mots, a donc usé d'un droit qu'elle n'avait pas, parce qu'il est nettement en contradiction avec les enseignements de la guerre.

Comment cette commission y a-t-elle été amenée?

On doit, à ce sujet, faire une remarque : puisque c'est à Foch, qu'est dû le succès final, c'est son école qui aurait dû la composer. A-t-elle seulement été invitée à donner son avis?

D'autre part, il est arrivé à Foch, à diverses reprises, d'apprécier sévèrement les conséquences de la nouvelle doctrine. Le 3 octobre 1918, en particulier, alors que l'artillerie, après huit jours de lutte, avait dépensé presqu'autant de millions de projectiles qu'à la Malmaison, sans pouvoir déloger l'ennemi d'une certaine position, ce qui avait fait échouer la manœuvre sur laquelle il comptait pour en finir avec les Allemands, Foch avait dû rappeler aux chefs des plus grandes unités, dans une lettre très dure, que leur premier devoir était « d'animer » leurs soldats.

Ce fait nous amène à rappeler, encore une fois, ce qui s'est passé il y a plus de vingt-trois siècles :

Il y avait un petit peuple, les Perses, pauvre, mais qui, dans les combats, se distinguait par son courage, mis au service de l'arme de main. Il avait fini par vaincre tous ses voisins et se mettre à la tête, du plus puissant des Empires.

Naturellement, ce peuple était devenu riche et, naturellement aussi, il trouvait la vie douce et bonne. Les savants de cette époque — la science a toujours été la créatrice du bien-être — avaient tenu le raisonnement suivant : quel est le but du combat? de détruire l'adversaire. Or, ce but, il est possible de l'atteindre sans exposer le combattant au danger d'aborder l'adversaire, en ménageant, par conséquent, la vie du combattant. Nous avons le nombre pour nous; il suffit de donner à celui-ci, comme arme principale, l'arme de jet, la flèche, en lui apprenant à s'en bien servir et ensuite de trouver une formation qui attribue à cette arme, une grande puissance de destruction. Et alors, ils avaient préconisé la formation par divisions de 10.000 hommes, disposés 100 sur 100, chaque archer étant muni d'une trentaine de flèches, dont la portée allait jusqu'à 300 mètres; cette unité pouvait couvrir son front, de 100 mètres seulement, par une avalanche de 300.000 flèches, de quoi obscurcir le ciel. « Tout adversaire qui osera nous aborder, ajoutaient-ils, sera donc certainement anéanti ». Et cette nouvelle tactique avait été accueillie avec enthousiasme.

Mais, à partir de ce moment, l'Empire des Perses constatait qu'il cessait de grandir. Il s'attaquait à la minuscule Grèce, et il subissait 'es plus cruelles défaites. Au ive siècle, avant Jésus-Christ, sa situation était la suivante : Les États-Majors avaient acquis une véritable maîtrise dans l'organisation des masses. La mobilisation reposait absolument sur les mêmes bases que la nôtre. Mais les Perses, pour ne pas être privés du plaisir de jouir de leurs richesses, avaient fini par esquiver tout service militaire, en demandant à des mercenaires étrangers, grassement payés, d'assurer « la couverture » de leurs armées.

A ce moment, il y avait, dans le voisinage, un petit peuple, les Macédoniens, pauvre, mais plein de courage, courage voulant dire pour eux : volonté de se précipiter sur l'adversaire, dès qu'il sera rencontré. Il ne pouvait mettre en ligne que la valeur d'un de nos corps d'armée, et il était commandé par un roi, qui s'appelait Alexandre.

Un beau jour, c'était en 334, Alexandre franchit l'Hellespont. Les troupes de couverture de l'armée des Perses se rassemblant en hâte, se portent sur son passage au Granique. Il n'a aucune peine à les battre. Il lui suffisait ensuite d'empêcher la mobilisation de s'opérer dans toute l'Asie mineure, pour se rendre maître de toute cette région.

Un an après, à Issus, deux ans après à Arbelles, avec moins de 50.000 hommes, il mettait en fuite une armée de plus d'un million d'hommes. Les Macédoniens, malgré leur petit nombre, n'hésitèrent pas à se jeter tête baissée sur les fameux carrés, assurés que

les premiers rangs n'ayant que leur arme de
jet à opposer tourneraient le dos aussitôt
qu'ils seraient abordés, en entraînant tous
ceux placés derrière eux. C'est dans ces conditions que fut détruit le plus grand empire
du monde.

Il résulte de ces faits, qu'à partir du jour
où les Perses cessèrent de mettre leur confiance dans l'arme de main pour la placer
dans l'arme de jet, i's entrèrent en décadence.

Et c'est là, somme toute, ce qu'a prescrit
notre nouveau Règlement : nous savons déjà
comment les Allemands le caractérisent.

Avant d'aller plus loin, qu'on nous permette
encore un renseignement personnel. Dans
notre étude, il nous arrivera souvent de porter un jugement, sur nos plus grands chefs.
Sans invoquer notre ancienneté, notre bizarre
carrière nous y autorise bien un peu. En même
temps qu'un fantassin, elle a fait de nous un
officier d'état-major qui, à un moment où
on travaillait ferme à l'état-major de l'armée,

pour mettre le pays en mesure de résister victorieusement à toute agression, occupait les fonctions de chef de bureau des opérations.

Là, non seulement nous avons contribué à perfectionner l'instruction des lauréats de l'École de guerre, parmi lesquels nous citerons les Berthelot, Hirschauer, Antoine, Hely d'Oissel, Toulorge... qui ont joué un rôle important pendant la guerre; non seulement, nous avons eu sous nos ordres indirects, les Castelnau, Maistre, Balfourier..., qui ont exercé de hauts commandements, mais nous avons eu, sous notre direction immédiate, le commandant devenu l'illustre maréchal Foch.

Ce droit de juger nos grands chefs, nous en userons d'autant plus largement, que nous nous rangeons au nombre de leurs plus fervents admirateurs en raison de la gloire dont ils ont couvert nos armes.

Mais nous avons, en outre, à apprécier une doctrine. Il ne s'agit plus du passé, il s'agit du présent et surtout de l'avenir. Il s'agit d'une question de principe, devant laquelle toute question de personnalité doit s'effacer. Il s'agit de combattre ce qu'on croit être l'erreur et de défendre ce qu'on croit être la vérité; et il s'agit de remplir un devoir et, ce devoir, nous le remplirons en toute indépendance, sans y avoir été sollicité par personne, avec toute la force dont nous nous sentons encore capable et, nous ajouterons, quelles que soient nos sympathies personnelles.

Nous pouvons maintenant conclure :

La doctrine réglementaire actuelle a, à sa base, un principe qui est, à la fois, faux et dangereux.

— Faux : Ce n'est pas la puissance du feu de l'artillerie qui a le plus contribué à nos succès, c'est la puissance du courage de l'infanterie; ce n'est pas l'artillerie qui est l'arme des succès décisifs, c'est l'infanterie.

— Dangereux : La puissance du feu de l'artillerie, considérée comme l'arme des succès décisifs, amène le combattant à croire qu'il peut remplir son devoir sans avoir à affronter le danger d'aborder l'adversaire, qu'il peut se dispenser, par conséquent, d'avoir du courage.

Il importe donc, au plus haut point, que notre doctrine de guerre soit rectifiée.

Ceci posé, peut-on dire que l'armée soit dotée d'un Règlement? Peut-on qualifier tel l'*Instruction provisoire* (!) *sur l'emploi tactique des grandes unités?*

Nous demandons donc, qu'un Règlement soit mis en vigueur, qui porterait en tête :

Combattre, c'est aborder l'adversaire.

L'arme combattante par excellence est celle qui aborde l'adversaire : l'infanterie. Les autres armes, quelle que soit leur importance, sont ses auxiliaires avec mission de faciliter sa tâche.

Le courage est essentiellement la volonté d'aborder l'adversaire.

Le courage est et sera toujours l'élément primordial du succès.

Le Règlement, dans ses développements, s'inspirerait ensuite des principes suivants, dont les derniers événements ont consacré l'importance et qui montrent que la doctrine du courage, d'une part, n'a rien d'agressif et, d'autre part, est économe du sang des soldats.

Dans une guerre nationale, la seule à envisager, les citoyens doivent, en prenant les armes, être prêts au sacrifice de la vie. Il n'en sera ainsi que si la nation est attaquée et menacée dans son existence.

Le commandement, à tous les degrés, doit rechercher le secret de la victoire dans le fait d'aimer les soldats en se préoccupant constamment d'assurer en même temps la conservation de leur vie et leur gloire.

Le chef doit prendre pour règle de n'attaquer qu'un ennemi affaibli. A cet effet, il mettra en œuvre, d'abord l'affaiblissement stratégique, c'est-à-dire l'affaiblissement dû à son action personnelle, à une disposition qu'il a conçue basée généralement sur la surprise, la ruse..., ayant pour effet d'attaquer l'ennemi alors que celui-ci ne dispose que d'une partie de ses forces et de ses moyens de résistance. C'est par là surtout, que le chef se montrera digne de commander et pourra affirmer son génie.

Ensuite et en même temps l'affaiblissement tactique, c'est-à-dire dû à l'emploi des armes à feu et surtout de l'artillerie dont toute la puissance sera mise à profit pour faire subir à l'ennemi les pertes les plus élevées avant de l'attaquer.

Application : Le chef ayant su conserver sa liberté d'action, choisit comme point d'attaque un point faible de l'adversaire, devant lequel, dans le plus grand 'secret et à aussi courte proximité que possible, il accumule le maximum de forces et d'engins de destruction. Au moment où l'ennemi s'y attend le moins, mitrailleuses de tous genres, chars d'assaut, canons de tous calibres, artillerie des avions font pleuvoir sur lui une terrifiante quantité de projectiles l'obligeant à se terrer; alors l'infanterie se porte en avant, à toute vitesse et, ne faisant qu'un bond, pour aborder l'adversaire.

C'est sur ces données très générales, que devront être organisées les attaques décisives.

Mais il est des circonstances où il faut pouvoir attaquer numériquement du faible au fort : ce sera le plus souvent au début. Du moment que l'ennemi déclare la guerre, c'est qu'il a tout fait pour s'assurer le succès. Il faut alors, à tout prix, l'empêcher de vaincre en l'empêchant d'exécuter les dispositions qu'il a prévues. On n'y parviendra qu'en l'attaquant quelque fort qu'il soit. Il faut alors disposer d'une infanterie prête à tous les sacrifices. Mais le moindre succès remporté dans ces conditions, même au prix d'un recul, aura des conséquences énormes sur l'issue de la guerre. Il pourra peut-être suffire pour la terminer. d'un seul coup; dans tous les cas, il sera de ceux qui auront le plus contribué à la victoire finale.

Tout doit donc être fait, pour provoquer l'héroïsme de notre infanterie.

La présente requête a eu pour objet la rectification du principe qui est à la base de notre Instruction provisoire. Le fait d'obtenir que les principes que nous venons d'énoncer soient placés en tête du nouveau Règlement, de manière à mettre en pleine évidence leur incontestable importance primordiale, constitue déjà une victoire, la première à remporter pour arriver au succès définitif. L'infanterie aura alors satisfaction dans les mots. Il faut maintenant qu'elle ait satisfaction dans les faits. Il faut arriver à ce qu'elle soit l'arme à la fois la plus honorée et la plus privilégiée, de manière à devenir l'arme la plus recherchée. Ce ne sera pas chose facile, tellement est fort le courant à remonter.

Alors se posera la question suivante : Pourquoi l'infanterie, arme du courage, est-elle sacrifiée? Nous répondrons : Parce que ceux qui sont naturellement chargés de la défendre ne peuvent, même le voulant, la défendre comme ils le devraient, leur doctrine les portant à défendre l'arme de la puissance du feu : l'artillerie.

L'infanterie est ainsi acculée à la nécessité de se défendre elle-même. Entendons-nous. L'infanterie active sait qu'elle n'a pas droit à la parole et elle est bien décidée à ne jamais cesser de donner l'exemple de la plus rigoureuse discipline.

Mais il y a en France des millions de citoyens qui appartiennent encore, ou qui ont appartenu à l'infanterie, qui aiment l'infanterie, qui sont fiers d'avoir droit à une parcelle de sa gloire.

A l'exemple des groupements importants, quand il s'agit de leurs intérêts, tous ces citoyens doivent s'unir et former une société qu'on appellerait : La Baïonnette, pour indiquer nettement sa principale raison d'être.

Quelle devra alors être sa ligne de conduite? Actuellement, le plus illustre des fantassins a dû se faire le défenseur de l'artillerie. La société demanderait au plus illustre des artilleurs de se faire le défenseur de l'infanterie.

D'outre-tombe Foch répondra : « Volontiers. Pour satisfaire votre désir, il me suffira d'ailleurs de vous donner un conseil; dans vos actes, inspirez-vous toujours de ma doctrine, de cette doctrine qui fait de la guerre une lutte entre deux forces morales, qui met le secret de la victoire, avant tout, dans la supériorité du courage. Vous aurez alors un guide sûr, non seulement pour défendre les intérêts de l'infanterie, mais encore pour faire orienter dans le bon sens toutes les questions qui intéressent la grandeur du pays :

éducation de la jeunesse, organisation de nos forces, défense du territoire ».

Sur ce dernier point, il convient d'insister. Quelle solution a donnée l'application de la doctrine de la puissance du feu? La création d'une frontière artificielle formée d'un réseau de fils de fer barbelés étayé, de distance en distance, par des forts et des places fortes, réseau s'étendant de la mer du Nord à la Suisse. Il en faudra des canons pour la garnir! L'artillerie ne disposant que d'effectifs égaux à ceux de l'infanterie, sera encore insuffisante ; cette proportion devra être portée aux deux tiers, voire même aux trois quarts. L'artillerie sera alors incontestablement l'arme principale. Des canons! Des munitions! Ce refrain, nous l'entendrons comme avant 1914. L'industrie s'en réjouira, les amis de l'artillerie, que l'on a déjà comblés, pourront se déclarer entièrement satisfaits.

Or, cette solution, le monde ne peut que la juger ainsi : La France, cette nation « qui a remporté la plus grande victoire de l'histoire », affirme, aujourd'hui, sa décadence : elle dissimule son courage derrière un réseau de fils de fer barbelés qui coûtera des dizaines de milliards, sans jamais pouvoir être terminé.

Mais ce n'est pas tout : cette frontière, même très fortement armée, devra être défendue; il faudra donc que nos éléments de couverture soient répartis en cordon de douaniers, de Dunkerque à Belfort. Dans ces conditions, l'ennemi n'aura évidemment aucune peine à la forcer.

La solution adoptée a finalement pour effet, non seulement d'exciter nos adversaires à nous attaquer, mais encore de nous conduire à la défaite.

Alors, que devons-nous faire? Nous répondrons : Appliquer la doctrine de Foch à la situation.

Celle-ci, quelle est-elle? Un général disposant d'une armée de métier prête, en cas de guerre, à entrer rapidement en ligne, ne nous dissimule pas sa volonté de nous attaquer brusquement. Ce général, nous l'appelons déjà un nouvel Alexandre; sa certitude de vaincre résulte, d'une part, de la terreur qu'il nous inspire et, de l'autre, de notre impuissance déclarée à pouvoir arrêter son offensive.

Maintenant, de quoi s'agit-il? Foch dirait : De briser la volonté de ce général et de lui imposer la nôtre. Ce résultat nous l'obtiendrons en nous montrant encore plus courageux que lui, en l'attaquant, en faisant, de nos divisions de couverture de la frontière, un seul bloc qui se précipitera sur lui aussitôt qu'il se mettra en mouvement.

Les effectifs de ces éléments seront-ils jugés insuffisants? Une loi, rendue dès aujourd'hui, attribuera la médaille du patriotisme à tous les citoyens qui, quel que soit leur âge, la patrie ayant été déclarée en danger, s'engageront à servir dans les unités de couverture voisines qu'ils pourront rejoindre dans les deux premiers jours.

Que faudra-t-il alors pour que nous soyons assurés du succès? Que nous ayons su préalablement exalter le courage de notre infanterie, que notre infanterie de couverture soit prête à tous les sacrifices.

En même temps, nous annoncerons bien haut, *urbi et orbi*, que tel sera notre plan de guerre, si nous venons à être attaqués. A partir de ce moment, ne mettons pas en doute

que le nouvel Alexandre réfléchira et se dira :
Décidément, ce que j'ai de mieux à faire, c'est
de rester tranquillement chez moi. Avec ces
nouvelles dispositions, j'ai en effet toutes
chances d'être battu et de condamner mon
pays à l'esclavage.

Aussi, pour terminer, fort des lois éternelles
de la guerre, nous ferons, à nos gouvernants
et à nos grands chefs, la prédiction suivante :
« Le jour où notre infanterie aura recouvré,
en pleine réalité et dans toutes ses conséquences, sa qualité d'arme combattante par excellence, le Pays reconnaîtra bien vite que la
crainte qu'elle inspire à nos voisins constitue
pour lui le moyen à la fois le plus simple, le
moins coûteux et le plus sûr de vivre et de
prospérer longtemps en paix ». Et nous ajouterons : « Vous vous occupez, en ce moment,
d'organiser le nombre; préoccupez-vous donc
surtout de réorganiser le courage, dans cette
conviction que :

L'Infanterie sacrifiée c'est la France perdue ».

L'INFANTERIE
ARTISAN PREMIER DE LA VICTOIRE

APPLICATIONS
DES DEUX DOCTRINES DE GUERRE

I

LA DOCTRINE DU COURAGE
DU RÈGLEMENT DE 1914

En 1912, lors de l'affaire d'Agadir, la France se rend compte que l'Allemagne ne cherche qu'une occasion de lui déclarer la guerre.

Les Français aiment leur pays. Alors, mettant fin à leurs divisions, tous affirment la ferme volonté de le défendre.

En même temps, le haut commandement, en présence de l'immense danger qui nous menace, s'inspirant de cette idée, qu'ayant affaire au plus courageux des adversaires, nous ne pourrons lui résister et le vaincre, qu'en nous montrant encore plus courageux que lui, édicte le Règlement de 1914, qui posait les principes essentiels suivants :

« Pour vaincre, il faut rompre par la force le dispositif de combat de l'adversaire. Cette rupture exige des attaques poussées à fond.

« L'attaque implique de la part de tous les combattants, la volonté de mettre l'ennemi hors de combat en l'abordant corps à corps à la baïonnette.

« Un commandant en chef énergique, ne laissera jamais à son adversaire la priorité de l'attaque. Il imprimera, dès le début de la guerre, aux opérations, un tel caractère de violence et d'acharnement, que l'ennemi, frappé dans son moral et paralysé dans son action, se verra peut-être réduit à rester sur la défensive. »

En un mot, le Règlement disait : « Combattre, c'est attaquer, c'est aborder l'adversaire. »

Et, par conséquent, le courage est, avant tout, la volonté d'aborder l'adversaire.

Il posait ainsi les bases de ce qu'on peut appeler la doctrine du courage, cette doctrine que doivent appliquer les peuples qui veulent échapper au joug de leurs ennemis, quelque puissants qu'ils soient, et rester libres et respectés.

Et ce Règlement était accueilli, à son apparition, non seulement par l'armée, mais on peut dire par la nation, comme seul de nature à nous assurer le succès.

Commandement du général Joffre.

La guerre est déclarée. Tous les Français se rendent compte que c'est l'existence même de la nation qui est en jeu. Tous les citoyens valides courent aux armes, prêts à faire le sacrifice de leur vie pour la sauver. D'ores et déjà, le commandement est assuré, quoi qu'il commande, d'être obéi. Le pays met tout son capital de courage à l'entière disposition du général en chef.

Joffre se trouve en présence du problème suivant : Les Allemands ont sur nous une supériorité numérique énorme, la supériorité matérielle en artillerie lourde, la supériorité morale due à leur esprit de discipline et à leur certitude de vaincre. Ils nous réservent, en outre, la plus redoutable des surprises. En violant la neutralité belge, et, par conséquent, en violant la parole donnée, ils se proposent de faire passer par la région nord de la Meuse une masse de 12 corps d'armée qui, presque sans coup férir, viendra se former sur nos derrières, pendant qu'ils nous attaqueront de front, par des forces supérieures. Ils ont mis vingt ans à mûrir ce projet et à en préparer l'exécution dans les plus petits détails. Ils ne mettent pas en doute qu'il leur suffira d'un mois ou deux pour nous obliger à mettre bas les armes.

Le 3 août 1914, l'ennemi, violant la neutralité belge, attaque la place de Liége, affirmant ainsi son intention de porter également les opérations au delà de la Meuse.

Le 8 août, Joffre donne l'ordre suivant : « L'intention du général en chef est de rechercher la bataille, toutes forces réunies. Les commandants de corps d'armée devront, dès maintenant, prescrire les manœuvres préparatoires de nature à faciliter l'offensive et à la rendre foudroyante ».

Nos 1re et 2e armées se portent en Lorraine, à l'attaque de l'aile gauche de l'armée allemande. Nos 3e, 4e et 5e armées, la neutralité belge étant violée, se portent en Luxembourg, à l'attaque de son aile droite.

Mais, le 15 août, Joffre se rend compte qu'une très forte masse de manœuvre menace d'envelopper son flanc gauche. Par cela même qu'il a devancé l'offensive ennemie, Joffre a conservé toute sa liberté d'action. En vue de parer à la situation, il donne à sa 5e armée, après l'avoir renforcée, l'ordre de franchir la Meuse et de se porter vers Charleroi, au-devant de ladite masse que l'armée belge a déjà, un instant, contenue.

Il demande, d'autre part, à l'armée anglaise qui vient à notre aide, de s'établir, à Mons, à la gauche de notre 5e armée. Il prescrit à notre cavalerie d'opérer à la gauche des Anglais. Enfin, il fait mobiliser quatre divisions territoriales, avec mission de s'opposer, entre Lille et la mer, à tout mouvement enveloppant de la cavalerie adverse.

Le 20 août et jours suivants, a lieu la gigantesque bataille, dite des frontières, qui se développe sur un front de 500 kilomètres au moins et met en présence plusieurs millions d'hommes.

Sur tous les points, nos troupes attaquent d'une manière foudroyante, soit pour maintenir l'ennemi dans les positions qu'il occupe, soit pour enrayer la marche des éléments de la masse enveloppante. Résultat : non seulement celle-ci ne peut parvenir sur nos derrières, mais elle ne peut même pas atteindre notre aile gauche.

La manœuvre de l'ennemi a donc échoué. L'armée française s'est déjà soustraite à l'immense danger qui la menaçait.

Mais, sur tous les points, se buttant à des forces supérieures ou très solidement postées, elle est repoussée et obligée de battre en reretraite.

Le 25 août, alors que l'univers se demande comment l'armée française pourra échapper à la défaite, Joffre donne l'ordre suivant :

« La manœuvre offensive projetée n'ayant pu être exécutée, les opérations ultérieures seront réglées de manière à reconstituer à

notre gauche, par la jonction des 4e et
5e armées, de l'armée anglaise et de forces nouvelles prélevées sur la région de l'Est, une
masse capable de reprendre l'offensive pendant que les autres armées contiendront, pendant tout le temps nécessaire, les efforts de
l'ennemi... »

Comme on le voit, non seulement Joffre ne
se considère pas comme battu, mais il proclame
bien haut ce qu'il se propose de faire pour
vaincre.

Devant cette confiance dans le succès,
tous se rendent compte que ce n'est pas le
moment de faiblir et qu'il faut, au contraire,
plus que jamais, faire acte de courage.

Les troupes ont été retirées du combat
avant qu'elles aient été désorganisées; Joffre n'a d'ailleurs rien perdu de sa liberté
d'action. Il va en profiter, d'une part, pour
transformer sa retraite en une opération ayant
pour effet d'affaiblir l'ennemi, alors que lui-
même se renforcera et, d'autre part, pour
constituer une masse de manœuvre sur le
flanc de l'adversaire.

En attirant ce dernier à l'intérieur du territoire, Joffre l'oblige à laisser deux corps en Belgique et un devant Maubeuge, au moment où deux autres vont être envoyés au secours de la Prusse orientale envahie par la Russie; il l'empêche, en même temps, de combler les vides qui se sont produits dans ses rangs et dans son matériel.

De notre côté, nos armées se rapprochent de leurs dépôts et de nos arsenaux; nous pouvons alors réparer nos pertes en hommes et en matériel.

Le 6 septembre, lorsque le gros de nos forces arrivait sur la Marne, l'équilibre pouvait être considéré comme rétabli et même rompu à notre avantage. A notre tour, nous disposions de la triple supériorité numérique, matérielle et morale et, à ce même moment, notre armée de manœuvre était à sa place.

Joffre donne alors à ses soldats l'ordre de faire demi-tour en ajoutant : « Tous les efforts devront être employés à attaquer et à refouler l'ennemi. Une troupe qui ne peut plus avancer devra, coûte que coûte, garder le terrain conquis et se faire tuer sur place, plutôt que de reculer. »

Alors se livrait la bataille de la Marne, aussi gigantesque que la précédente, et sur tous les points, nous obligions l'ennemi à reculer.

Le 13, Joffre adressait au Gouvernement le télégramme suivant : « Notre victoire s'affirme de plus en plus complète. Partout l'ennemi est en retraite. Nos troupes, comme celles des alliés, sont admirables de moral, d'entrain et d'audace. »

Le plan, que l'état-major allemand avait si laborieusement conçu et préparé, s'était complètement effondré.

Nos pertes, dans ces deux grandes rencontres, s'élevaient à 313.000 hommes (1).

En résumé, Joffre a, dans la victoire, une foi qui ne se laisse abattre ni par les difficultés, quelque insurmontables qu'elles paraissent, ni par les revers, quelque importants qu'ils soient, et cette victoire, il la doit à l'emploi de deux modes d'action :

Le premier, qui ne constitue qu'une appli-

____

(1) D'après la statistique publiée par la Revue médicale *l'Hôpital*. Les chiffres donnés dans la présente étude concernent les morts sur le terrain, disparus et prisonniers.

cation du Règlement de 1914, se traduit par ce seul mot : « Attaquer ».

Joffre, à la bataille des frontières, attaque du faible au fort, c'est-à-dire que, alors qu'il est numériquement inférieur; ayant affaire à un ennemi qui a tout fait pour vaincre, qui est sur le point de vaincre, il l'empêche de vaincre.

Joffre, à la bataille de la Marne, attaque encore; mais il attend, à cet effet, de pouvoir attaquer du fort au faible, c'est-à-dire alors qu'il dispose de la supériorité générale.

Le deuxième mode d'action, c'est la manœuvre consistant, par une simple disposition du chef, à affaiblir l'ennemi avant de l'attaquer.

Cette manœuvre, due généralement à la ruse ou à la surprise, Joffre la demande à la retraite qui lui est imposée et il en démontre, en même temps, la puissance, puisqu'il contraint le plus fort et le plus redoutable des adversaires à livrer une bataille décisive en étant le plus faible, c'est-à-dire avec toutes chances d'être vaincu.

Et l'emploi de ces deux modes d'action

a permis à Joffre de résoudre un des problèmes les plus difficiles qui aient jamais été posés à un général en chef et à remporter une des plus retentissantes victoires de l'histoire.

Mais pour les mettre en œuvre, il a fallu que Joffre puisse compter sur le courage des soldats et particulièrement sur le courage des fantassins.

En demandant à ceux-ci, à la bataille des frontières, de se jeter tête baissée sur un adversaire aussi fort que fortement armé, il leur demandait, en réalité, étant donnée leur grande faiblesse numérique, d'affirmer un courage surhumain. Et c'est ce qu'ils ont fait. Nombreux sont parmi eux, ceux qui sont restés sur le champ de bataille. La France doit leur rendre particulièrement hommage en reconnaissant aujourd'hui que c'est le sacrifice de leur vie qui a le plus contribué à la sauver.

II

LA DOCTRINE DE LA PUISSANCE DU FEU

A) **Commandement du général Joffre.**

L'Allemagne, pour être en mesure de porter son principal effort contre la Russie, a décidé de se tenir sur la défensive contre la France. Son armée, qui a envahi une importante partie de notre territoire, a pris solidement position de la mer du Nord à la Suisse.

Il s'agit pour nous, maintenant, de l'en déloger et, tout d'abord, de créer dans son front une brèche large et profonde l'obligeant à quitter la guerre de position pour passer à la guerre de mouvement.

Jusqu'ici, Joffre avait demandé le succès au courage du soldat et mis la puissance du feu au second plan. Maintenant, il fera l'inverse. Il tiendra ainsi le plus grand compte de l'opinion publique qui lui reproche, malgré la victoire de la Marne, « la folle témérité » avec laquelle il a dirigé les opérations de début et qui attribue les pertes que nos troupes ont subies, à ce qu'il n'a pas su tirer tout le parti de l'artillerie et, particulièrement, à ce qu'il n'a pas fait « préparer les attaques » par cette arme.

L'action personnelle du général en chef se réduira donc dorénavant et, d'une manière générale, à donner à l'artillerie, dans la mesure du possible, tout ce qu'elle jugera nécessaire pour remplir sa mission et à concentrer sur un point donné le maximum de troupes munies du maximum de moyens pour enfoncer le front de l'ennemi.

Naturellement, Joffre commencera par demander à l'industrie nationale de faire un grand effort pour que notre artillerie puisse être en état de se mesurer à son avantage avec l'artillerie adverse.

Le problème, maintenant, se précise ainsi : notre adversaire nous est numériquement inférieur; mais il occupe la ligne intérieure qui lui permet d'amener sur un point attaqué des forces peu différentes des nôtres. Il a sur nous une supériorité initiale marquée en artillerie et surtout en artillerie lourde. Enfin, il dispose de moyens au moins aussi puissants que les nôtres d'augmenter le nombre, la portée et le calibre des canons, tout en les dotant de la quantité de munitions qu'ils pourront avoir à consommer. En outre, il a protégé son front par une énorme quantité d'obstacles pour le rendre inabordable, et derrière une première position il en a organisé une deuxième, et souvent même une troisième.

Nous nous trouvons donc déjà, d'une manière générale, devant un problème difficile, et ce problème, nous sommes obligés de chercher à le résoudre, car le pays demande à grands cris la libération du territoire et, d'autre part, les Russes ne cessent de nous déclarer qu'ils ne pourront résister aux Allemands, qu'à la condition d'attirer sur nous la plus grande partie de leurs forces.

Laissons parler maintenant les événements.

De la fin de 1914 à la fin de 1916, c'est-à-dire pendant deux longues années, nous multiplierons, tant en Champagne qu'en Artois, les attaques. Nous ne dirons qu'un mot des plus importantes, en rapportant leurs caractéristiques essentielles.

Champagne (février-mars 1915) : Deux corps d'armée y participèrent; 100.000 obus de 75 sont tirés, soit 18 coups par mètre de tranchée attaquée. Résultat : gain de deux kilomètres de terrain. Pertes : 55.000 hommes.

Artois (mai-juin 1915) : Trois corps d'armée participent à l'attaque principale. A nos pièces légères s'ajoutent 340 pièces lourdes. La préparation par l'artillerie se prolonge pendant trois semaines, dont six jours intensivement. En un jour, 300.000 obus sont tirés. Résultat : un seul corps atteint le premier objectif qui lui est assigné. N'étant pas soutenu, il est obligé de se replier. Les autres ne réalisent aucune avance. Pertes : 121.000 hommes.

Champagne-Artois (septembre-octobre 1915 : En Champagne, deux armées, représentant

29 divisions, sont mises en ligne. Entrent en action 1.100 pièces légères, soit une par 32 mètres et 872 pièces lourdes, soit une par 40 mètres. La préparation par l'artillerie se prolonge pendant trois jours. Résultat : la première position est enlevée; mais alors nous nous trouvons en présence d'une deuxième position qui nous arrête.

En Artois, une armée forte de 17 divisions représente la troupe d'attaque. Nous disposons de 500 pièces légères, soit une par 30 mètres et 400 d'artillerie lourde, soit une par 36 mètres. Résultat : les mêmes qu'en Champagne. Finalement, les 3/4 de l'armée française participeront à l'ensemble de ces deux attaques au cours desquelles l'artillerie tirera 39.800 coups de gros calibre. Pertes dans les deux affaires : 115.000 hommes.

Somme (1re phase : juillet-septembre; 2e phase : septembre-novembre 1916) : Cette attaque se produira au moment où les Allemands seront très sérieusement affaiblis par leur offensive de Verdun. Les Anglais y prendront une part des plus actives. De notre côté, nous mettrons en ligne, sur le point principal, trois corps d'armée se renouvelant sur un front de 15 kilomètres.

La préparation par l'artillerie durera, une première fois, sept jours, 444 pièces légères (une par 34 mètres), 528 pièces lourdes (une par 23 mètres), 117 pièces d'A. L. G. P. (une par 120 mètres), y participeront.

La lutte où Anglais et Français rivaliseront de courage, durera quatre mois et demi. Elle donnera lieu, pour les deux armées, à un gain de terrain qui ne dépassera guère 15 kilomètres sur une étendue de 40. C'était, de beaucoup, l'avance la plus importante réalisée depuis le commencement de la campagne. Pertes : 114.000 hommes.

Finalement, les derniers mois de 1916 la situation était la suivante : l'ennemi, à quelques kilomètres près, occupait les mêmes points que les derniers mois de 1914.

Nous avions limité le problème, à créer dans son front une brèche large et profonde. Nous comptions, à ce sujet, surtout sur notre artillerie. Pour qu'elle puisse produire tout son effet, .pendant deux longues années, nous avions, sans parler des combats de tous les jours, livré des batailles où figuraient des troupes de plus en plus nombreuses et de plus en plus solidement armées. Et le modeste résultat que nous visions n'avait jamais été atteint d'une manière appréciable. L'artillerie devait ménager la vie de nos soldats; or, plus de 500.000 d'entre eux étaient tombés, on peut dire sans profit, et la plupart en avant des fils de fer de l'ennemi.

Elle devait dispenser notre infanterie d'affirmer son courage; or, jamais, chez nos fantassins, cette vertu n'avait été mise à pareille épreuve.

A quelle cause doit être attribué un pareil résultat? Nous avons vu que, dans les dernières grandes rencontres surtout, les pièces mises en action se touchaient autant que le permettait le service. Le commandement avait donc donné largement satisfaction aux demandes que l'artillerie lui avait présentées. Nos pièces légères avaient conservé leur supériorité; nous avions comblé la lacune qui existait dans notre matériel lourd. Nous avions créé l'A. L. G. P., etc.

Cependant, l'artillerie témoignera de son impuissance en s'appuyant sur ce que, dans aucun engagement important, elle n'a pu réaliser une supériorité marquée sur l'artillerie ennemie, celle-ci finalement l'emportant encore par la puissance et la portée de l'artillerie lourde. Pendant que nous renforcions notre artillerie, l'adversaire en faisait autant et, dans cette course aux armements, nous avions toujours le dessous.

Mais ce n'est là évidemment qu'une cause secondaire. La cause principale provenait de ce que notre artillerie était toujours obligée de préparer les attaques et de les préparer longuement, pour parvenir à détruire la totalité des obstacles qui s'opposaient à la marche de l'infanterie.

Il en résultait que l'ennemi, alors même qu'il n'avait pu les découvrir à l'avance, était toujours prévenu des attaques dirigées contre lui assez à temps pour réunir et mettre en œuvre tous ses moyens d'action.

Les opérations revêtissaient ainsi le caractère de vive force.

Nous attaquions toujours un ennemi plus

fort alors qu'il était le plus fort, notre artillerie ayant devant elle une artillerie plus forte alors qu'elle disposait de toutes ses forces, c'est-à-dire que le problème, tel que nous l'envisagions, était en réalité insoluble.

De cette longue et sanglante expérience de deux années, on devait conclure que, lorsqu'on a affaire à un ennemi vigoureux et solidement posté, l'affaiblissement que lui cause l'artillerie, à quelque degré qu'ait été portée sa puissance, est insuffisant pour le déloger de sa position. Il faut donc, pour ce faire, trouver un autre moyen de l'affaiblir.

Ce moyen, les Allemands nous démontreront au printemps de 1918 qu'il existe, et on pourra alors constater qu'il suffit pour faire tomber, comme un château de cartes, les positions considérées comme les plus imprenables.

B) **Commandement du général Nivelle.**

Le général Nivelle, en prenant possession du commandement en chef, adressait aux troupes la proclamation suivante : « Ma méthode a fait ses preuves; la victoire est certaine; je vous en donne l'assurance; l'ennemi l'apprendra à ses dépens. »

Quelques jours après, il disait : « Jamais l'armée ne fut plus entraînée, plus vaillante, en possession de moyens plus puissants », montrant ainsi combien il était fier d'avoir été mis à sa tête.

Jusqu'ici notre plan de guerre avait comporté deux opérations : la première consistait à ouvrir, dans le front de l'ennemi, une brèche large et profonde; la deuxième consistant à livrer bataille à cet ennemi en terrain découvert.

Nivelle voyait plus grand : s'inspirant de la doctrine napoléonienne, ces deux opérations, il se proposait de les confondre en une seule, la deuxième succédant immédiatement à la première.

Il doutait si peu du succès, qu'il trouvait tout naturel de choisir, comme point d'attaque, la position du Chemin des Dames, réputée par sa force. Il y voyait même l'avantage de surprendre l'adversaire.

Voici comment, d'après lui, se déroulerait la première opération :

L'artillerie commencerait par inonder la première ligne de projectiles en quantité assez grande pour la rendre absolument intenable à ses défenseurs. L'infanterie n'aurait plus alors qu'à l'occuper. Ceci fait, cette arme, sans désemparer, continuerait à aller de l'avant, sa marche étant précédée par un puissant barrage qui continuerait à tout anéantir. La position de l'ennemi tomberait alors en notre pouvoir au prix de pertes presque nulles.

A ce moment, d'importantes réserves seraient dirigées contre le gros des forces adverses avec une supériorité numérique assez marquée pour lui infliger une défaite décisive.

Nivelle, pour corroborer sa foi dans ses dispositions, avait, dans un horaire distribué aux troupes, avec croquis à l'appui, indiqué, heure par heure, le moment où chacune des lignes serait enlevée. L'occupation de l'ensemble de la position ne devait durer qu'un jour et, dès le lendemain, notre cavalerie entrerait dans Laon.

L'artillerie, pour être en mesure de jouer le rôle capital qui lui incombait, avait été dotée de toute la puissance possible. Elle mettait une pièce de 75 par 20 mètres; une lourde ou d'A. L. G. P. par 21 mètres, une pièce de tranchée par 25 mètres.

Scientifiquement, le plan de Nivelle pouvait paraître à la fois grandiose et irréprochable. En était-il de même moralement?

Nivelle était un artilleur pur-sang, profondément pénétré de l'importance de son arme, ne mettant pas en doute, par conséquent, qu'elle ne fût l'artisan premier de la victoire. Pour lui, le courage de l'infanterie ne pouvait avoir qu'une importance secondaire, la puissance du feu le rendant à peu près inutile.

Il avait des raisons de ne pas ignorer que même son propre état-major ne croyait pas au succès de ses conceptions et que de nombreux généraux le considéraient comme devant entraîner la défaite. C'était, d'ailleurs, ce qu'avaient constaté les présidents du Sénat et de la Chambre dans une tournée sur le front.

Nivelle avait dit : « La victoire est certaine »; tout ce que pensaient les autres le rendait indifférent.

Le 6 avril, un conseil de guerre était tenu entre les membres du Gouvernement, Nivelle et les commandants d'armée. Ces derniers, interrogés, présentaient également des observations qui laissaient percer leur peu de confiance dans la réussite de l'opération.

Le Gouvernement qui avait élevé Nivelle au commandement suprême n'en décidait pas moins que celle-ci serait exécutée dans les conditions où elle avait été conçue et organisée. Les Britanniques devaient, le 9 avril, prendre l'offensive. Il fallait tenir la promesse de les soutenir.

Le 16 avril, après une préparation par l'artillerie qui avait duré neuf jours, notre infanterie se lançait à l'assaut de l'ennemi. Mais, tout de suite, sur la plupart des points, elle était arrêtée et fauchée par les mitrailleuses de la première ligne, dissimulées dans les « creutes ». Elle battait alors en retraite, quelques unités un peu trop précipitamment. A la fin de la journée, les éléments les plus avancés n'avaient pas gagné 500 mètres de terrain.

L'attaque recommençait le lendemain et les résultats n'étaient pas plus brillants. Le Gouvernement donnait alors l'ordre de suspendre l'opération.

On la reprendra, à partir du 30 avril, sur de nouvelles bases et, d'une manière générale, on se trouvera en présence des mêmes insuccès. On constatait finalement que nous n'avions pas atteint la ligne qui, d'après l'horaire, devait être emportée au bout de trente minutes. Et nous avions subi des pertes importantes.

Dès la fin de mai, des manifestations de désobéissance dans ces troupes, dont Nivelle avait lui-même proclamé la vaillance, se produisaient dans plusieurs corps d'armée.

A quelle cause devait être attribuée une si étonnante transformation? Le Gouvernement n'était pas tenté de la rechercher. Elle n'en était pas moins évidente.

On avait dit à nos soldats : « La victoire est certaine »; en deux jours, ils devaient arriver à Laon.

Mais, alors qu'ils croyaient aller tout droit à la victoire, ils se voyaient arrêtés, anéantis par les mitrailleuses d'un ennemi qui n'avait rien perdu de sa force. Et le même fait s'était reproduit une deuxième et une troisième fois.

Ils n'étaient pas, d'ailleurs, sans avoir appris dans quelles conditions l'affaire avait été engagée. Comment, dès lors, n'auraient-ils pas conclu que le haut commandement n'était pas à hauteur de sa tâche?

Ils pouvaient constater qu'on leur avait demandé, alors qu'on le savait sans profit, le sacrifice de la vie. Comment le découragement ne se serait-il pas manifesté parmi les plus courageux et parmi les plus profondément imbus du sentiment de discipline?

Peut-on s'étonner, dans ces conditions, que des actes de désobéissance se soient produits et que sous l'action délétère des agents du défaitisme, ces actes se soient parfois traduits par de la mutinerie?

L'armée découragée, c'était l'armée irremédiablement condamnée à la défaite.

On pouvait alors constater que la force d'une armée réside, avant tout, dans son courage; que le courage doit, par conséquent, être constamment entretenu, constamment fortifié. On constatait, en même temps, que c'est également une vertu des plus fragiles. En quelques jours, une troupe de héros peut se transformer en une bande de mutins.

C) **Commandement du général Pétain.**

Pétain subordonné. — Pétain appartient à l'infanterie, à cette arme où les chefs dirigent des hommes et, par conséquent, des âmes. Il est de cette école qui base l'art de commander sur le fait d'aimer ses soldats.

Le fondateur de cette école, le philosophe Socrate, justifiait ainsi sa doctrine : Aimer ses soldats, c'est, avant tout, assurer la « conservation de leur vie et de leur gloire ». Il ne mettait pas en doute que le chef animé de cette double préoccupation ne dût être toujours obéi au plus fort du danger, ses soldats faisant alors acte du plus grand courage.

Pétain, lui, estimait que, de nos jours, cette doctrine peut produire son effet en étant appliquée même par les chefs subordonnés.

Il leur suffisait de savoir tirer le meilleur parti de la puissance de destruction de nos armes actuelles, et particulièrement du canon, en demandant à cet engin de faire tout ce qui était dans ses moyens pour déloger l'ennemi de sa position, de telle sorte que l'infanterie puisse l'occuper au prix de faibles pertes.

Et il avait condensé son système dans ces mots : « l'artillerie conquiert; l'infanterie occupe ».

Et cette formule, il la proclamait bien haut, alors qu'on reprochait tant au général en chef d'avoir obéi au Règlement de 1914 qui, visant l'offensive foudroyante, prescrivait de ne plus faire préparer les attaques par l'artillerie.

Naturellement, pareille manière de concevoir son devoir, lui avait valu tout de suite une grande popularité. Les artilleurs disaient : « Voilà enfin un fantassin qui sait se servir de notre arme et mettre en pleine évidence toute la part qui nous revient dans le succès. » Les fantassins : « Voilà un chef qui s'occupe de nous et qui sait son métier. Nous devons nous féliciter de l'avoir à notre tête. »

La puissance du feu bien utilisée, en aidant leur courage, n'avait fait que le fortifier encore. Ils n'hésitaient jamais à se jeter tête baissée sur l'adversaire quand l'ordre en était donné. Aussi, devant l'ennemi, les soldats de Pétain se montraient toujours supérieurs aux autres et par le courage et par les résultats, ce qui lui avait valu de franchir avec une vitesse vertigineuse la distance séparant un colonel d'un général d'armée.

Le général en chef, pour mettre à profit son expérience, lui avait confié l'instruction des grandes unités. Les corps d'armée, au repos, étaient envoyés dans un camp et placés sous sa haute direction. Il pouvait alors découvrir à tous le secret de sa maîtrise, en montrant qu'elle consistait à déduire toute disposition tactique de la volonté d'atteindre le but du combat en ménageant la vie du soldat, par conséquent, en faisant le plus large emploi des engins de destruction.

La manière dont il s'acquitta de cette mission contribua encore à grandir son prestige.

On comprend pourquoi le grand état-major

songea à lui quand il fallut faire face à la situation tragique qui se produisait à Verdun en février 1916. En trois jours, du 21 au 24, l'ennemi avait enfoncé nos premières lignes et s'était emparé du fort de Douaumont, clef de la position de la rive droite. Pétain reçut, à ce moment, le commandement supérieur des troupes affectées à la défense de la place.

On sait avec quelle distinction il l'exerça. Là encore, il sut porter au suprême degré le courage de ses soldats. Aussi, de cette lutte engagée par les deux nations réputées les plus courageuses, il sortit victorieux, ce qui devait rendre son nom célèbre bien au delà de la France.

A partir de ce moment, Pétain était considéré comme digne du commandement suprême.

Pétain général en chef. — Ce commandement, Pétain le reçoit le 15 mai 1917.

A ce moment, la situation est la suivante : Après trois années et demie de luttes sanglantes, l'ennemi occupe toujours le mêmes points du territoire. Non seulement nous n'avons pas pu l'en déloger, mais nous ne sommes même pas parvenus à créer dans son front une brèche de quelque importance.

Jusqu'ici nos troupes s'étaient montrées admirables de courage et nos généraux avaient pu compter sur elles; maintenant tout est changé; l'armée est découragée; des actes de désobéissance, se traduisant souvent par de la mutinerie, se produisent dans nombre de nos corps d'armée. On se demande avec effroi ce qui se passerait si nous venions à être vigoureusement attaqués. Plus que jamais la patrie est en danger. C'est donc pour la sauver que le Gouvernement confiait à Pétain le commandement en chef.

Sa tâche était double et doublement difficile. Il lui fallait d'abord restituer à l'armée le courage qu'elle avait perdu; il lui fallait, en même temps, chasser l'ennemi du territoire.

La première, Pétain était peut-être le plus apte à la mener à bonne fin, car il était aimé à la fois des officiers et de la troupe.

On sait ce qui se produisit : grâce à son action personnelle, au bout d'un mois, les actes collectifs d'indiscipline avaient déjà disparu.

Il lui restera encore beaucoup à faire pour que l'armée ait retrouvé sa valeur. C'est par ses actes qu'il y parviendra.

En prenant le commandement en chef, Pétain appréciait ainsi le passé : La doctrine de 1914 attribuait au courage la prépondérance dans le succès. Lui, estimait que cette prépondérance doit être attribuée à la puissance du feu (1).

C'était là, de sa part, une opinion personnelle. Mais, exprimée par lui, chef de l'armée, elle prenait la force d'un règlement. Et tout de suite, il en avait fait l'application en remplaçant l'escouade, cellule du courage, ayant comme arme principale la baïonnette, par le groupe de combat desservant le fusil mitrailleur. C'était porter un coup mortel à la doctrine du courage.

____

(1) Commandant LAURE. *Au 3e bureau de 3e G. Q. G. : Les enseignements de trois ans de guerre nous montrent l'action prépondérante du feu.* Page 71.

Pétain, comme commandant de corps d'armée et d'armée, avait pris une part des plus actives aux grandes opérations d'Artois et de Champagne en 1915 et 1916. Il avait maintes fois souffert en constatant, d'une part, les pertes effrayantes subies par nos soldats et, d'autre part, les résultats insignifiants qu'ils avaient obtenus.

Nous avions alors toujours attaqué du faible au fort, en engageant « les forces morales à armes inégales contre la brutalité des forces matérielles ».

Il considérait, par suite, comme une règle absolue, de n'attaquer que du fort au faible, en disposant dans la plus large mesure de la supériorité à la fois matérielle et numérique.

La supériorité matérielle, qu'il voudra aussi forte que possible, il l'obtiendra en demandant à l'industrie d'accentuer encore son colossal effort, de manière à majorer encore la puissance de notre artillerie et la quantité de munitions dont elle pourra disposer. Il en fera autant pour les avions, les chars d'assaut, les engins d'accompagnement d'infanterie.

La supériorité numérique, il ne pourra, pour le moment, lui donner le caractère qu'il juge nécessaire qu'en parvenant à infliger les pertes les plus élevées à l'adversaire.

Pétain doit, en même temps, rétablir le moral de l'armée. Il ne met pas en doute qu'il y parviendra, s'il démontre aux troupes qu'en sachant tirer le meilleur parti de l'artillerie on peut arriver à déloger l'ennemi de sa position, ou tout au moins à rendre celle-ci intenable. Du même coup, il justifiera le bien-fondé de sa doctrine personnelle.

Ayant ainsi posé le problème, voici sommairement ce qu'il va faire pour le résoudre :

Dans la première de ses directives, il spécifiera que les attaques, tout en étant extrêmement vigoureuses, devront revêtir un caractère limité, ne visant que l'occupation de certains points à la conservation desquels l'ennemi attache de l'importance.

Il veillera à ce que les attaques coûtent très cher à l'ennemi et, par contre, à ce qu'elles ne donnent lieu, de notre côté, qu'aux moindres pertes.

Il organisera ces attaques de telle sorte
que les canons se touchent presque, tout en
disposant de la quantité de munitions qui
leur sera nécessaire, l'artillerie ayant des
effectifs au moins égaux à ceux de l'infanterie.

Passant à l'exécution, il désignera comme
points d'attaque : le Mort-Homme, dernier
lambeau du territoire que l'ennemi avait
conquis à Verdun, et qu'il avait à cœur de
conserver; par ailleurs, le plateau de la Malmaison, qui flanque la fameuse position du
Chemin des Dames et dont l'occupation rendait celle-ci intenable.

Nous nous contenterons de donner, ci-après,
les principales caractéristiques de ces deux
affaires (1) :

Attaque du Mort--Homme (20 août 1917). —
Quatre corps d'armée y participent, chacun
ayant un objectif différent. Le front d'attaque est de 17 kilomètres. L'artillerie en ligne
comprend 948 pièces de 75; 1.318 pièces lour-

---

(1) Général HERR, *Artillerie*. Page 85 et suivantes.

des; 66 d'A. L. G. P., soit 1 pièce par 7 mètres, sans compter l'artillerie de tranchée comprenant 247 pièces.

La préparation d'artillerie commencée le 13 août se prolongera pendant 7 jours.

Le 20 août, au matin, l'attaque de l'infanterie débouche. Elle atteint rapidement, et avec de faibles pertes, les objectifs assignés.

Attaque de la Malmaison (23 octobre). — Trois corps d'armée sont affectés à cette opération. L'artillerie, sur un front de 10 kilomètres, met en ligne 628 pièces de 75; 985 pièces lourdes, soit une pièce par 6^m 20, sans compter l'artillerie de tranchée qui en comporte 270. La préparation par l'artillerie dure 6 jours et 6 nuits. L'attaque, appuyée au centre par 5 groupes de chars d'assaut, débouche, le 23 octobre, sans rencontrer grande résistance. D'ailleurs, dès le 24, l'ennemi avait commencé à évacuer la position. Le 2 novembre il en faisait autant de la position du Chemin des Dames et il se repliait derrière l'Ailette.

Dans ces deux affaires, tous les fantassins avaient marché avec le plus grand entrain. On devait donc en conclure que Pétain avait rétabli le moral de l'armée et, par conséquent, rempli la partie la plus difficile de sa tâche.

Ce succès venant s'ajouter à la gloire qu'il avait conquise à Verdun lui vaudra la reconnaissance éternelle du pays.

Naturellement, Pétain jugera nécessaire de récompenser l'artillerie qui s'était comportée d'une manière si brillante.

Déjà, le général Nivelle avait réuni en une seule main l'A. L. G. P. et l'A. L. T. Et pour bien souligner l'importance qu'il attribuait à cette nouvelle formation, il en avait confié le commandement à l'inspirateur de cette mesure, le général Buat, avec rang de commandant de corps d'armée.

« Ainsi était constitué un organe de manœuvre par le feu, d'une puissance incomparable, constituant la véritable réserve stratégique du haut commandement, l'outil avec lequel il pouvait mener à sa guise le poids décisif de sa volonté. »

Pétain à Verdun contribuera à la création d'un directeur général de l'instruction de l'artillerie, emploi qui sera confié au général Herr.

Il instituera ensuite une commission centrale d'artillerie dont la présidence sera également confiée au même général.

« La création de la R. G. A. L. avait été accueillie avec une certaine méfiance. On craignait que cette nouvelle formation ne constituât un état dans l'état,... on redoutait qu'elle ne prît vite la tendance à livrer bataille pour son compte, en s'affranchissant de toute subordination vis-à-vis des autorités locales. »

Le général en chef réglera le différend en créant l'inspection générale d'artillerie, avec des attributions très étendues. C'est encore le général Herr qui en sera chargé, ce qui fera de lui, en réalité, le grand maître de l'artillerie.

L'artillerie prenait ainsi pied dans la voie de l'autonomie et de l'indépendance.

Puisque Pétain avait considéré comme un devoir de grandir l'artillerie, il était tout naturel que, de son côté, cette arme se considérât comme obligée de lui en exprimer sa reconnaissance. Le grand maître s'en fera l'interprète en disant dans son livre que le général Pétain « fut l'un des premiers à comprendre le rôle qui incombe à l'artillerie dans la bataille ».

Il serait intéressant de connaître quels sont les autres. Parmi « ces premiers », ce n'est certainement pas le général Joffre, auquel l'artillerie ne cessera de reprocher de n'avoir pas fait préparer les attaques à la bataille des frontières.

Ce n'est pas non plus le général Foch, lu cependant artilleur d'origine, qui se montra l'apôtre des forces morales et ne demanda jamais à l'artillerie de faire plus que ne le comportait son rôle normal.

Le général Pétain, fantassin d'origine, reste donc, en fait, le seul de nos plus grands chefs « ayant compris la mission de l'artillerie ».

L'histoire sera plus explicite. Elle dira que c'est à un fantassin et, il est vrai, au plus illustre de tous, que l'artillerie actuelle aura dû sa grandeur et sa prépondérance.

Les batailles du Mort-Homme et la Mal-maison doivent être considérées comme un événement d'importance, non seulement parce qu'elles ont eu pour effet de relever le moral de l'armée, mais encore parce qu'elles ont contribué à créer une nouvelle doctrine de guerre, celle qui a été consacrée par le Règlement actuel.

Il est évident que si, dans tous les cas, l'artillerie était en mesure de détruire de loin l'adversaire ou, tout au moins, le déloger de la position qu'il occupe, les bases sur lesquelles reposait jusqu'à ce jour l'art de la guerre devraient être radicalement modifiées. Combattre, ce ne serait plus aborder l'adversaire; combattre, ce serait le détruire de loin; ce ne serait pas l'infanterie qui serait l'arme principale; ce serait l'artillerie.

Mais pour que cette doctrine nouvelle fût solidement établie, il aurait fallu au moins que les expériences du Mort-Homme et de la Malmaison fussent concluantes.

Pouvait-on en déduire que l'artillerie avait, à elle toute seule, chassé l'ennemi de sa position, l'infanterie n'ayant qu'un faible effort à faire pour l'occuper?

C'est le grand maître de l'artillerie qui se chargera lui-même de répondre à cette question. Voici ce qu'il nous dit dans son livre :

« L'expérience de plusieurs grandes attaques a montré que lorsqu'on déploie un nombre de bouches à feu suffisant; lorsqu'on met à leur disposition une quantité indéfinie de projectiles; lorsqu'on déverse des tonnes de munitions sur chaque hectare de terrain à conquérir; lorsque ensuite on borne son ambition à ne gagner que quelques centaines de mètres, 2 ou 3 kilomètres au plus, de manière à ne pas sortir du rayon de protection de sa propre artillerie, on peut compter, avec une certitude quasi mathématique, obtenir le résultat cherché. »

Mais à quelles conditions et à quel prix cette tactique peut-elle réussir?

1° « Il faut dépenser une quantité d'artillerie dont la densité aille jusqu'à celle d'une pièce par 6 à 7 mètres de front... Si l'on ne veut pas se contenter d'actions locales sans intérêt stratégique, si l'on veut ouvrir dans le dispositif ennemi une brèche d'une certaine importance, le nombre de bouches à feu nécessaires dépasse tout ce que peut fournir et entretenir l'industrie la plus active et la mieux approvisionnée en matières premières. »

2º « Il faut, à chaque fois, consommer des tonnages de munitions formidables, à raison de 5 à 6 tonnes au mètre courant de front attaqué. Pour l'affaire de la Malmaison, il a été tiré, pendant les six jours de préparation et le jour de l'attaque, 80.000 tonnes. Il a fallu 32 jours pour constituer cet approvisionnement initial. Avant de pouvoir renouveler un effort comparable, il aurait fallu reconstituer toutes les réserves de projectiles, c'est-à-dire attendre plus d'un mois. Et l'attaque n'a intéressé qu'un front de 10 kilomètres. »

Deux inconvénients découlent de là :

« 1º Les attaques consécutives ne peuvent se succéder qu'à de longs intervalles, laissant à l'ennemi le temps de se refaire, et ne pouvant donner de résultats décisifs qu'à très longue échéance.

« 2º Comme pour les canons, l'industrie d'aucun pays ne peut produire à jet continu une pareille masse de projectiles.

« 3° Ces actions d'artillerie sont effroyablement dispendieuses. L'attaque du Mort-Homme a coûté, rien qu'en projectiles d'artillerie, plus de 700 millions de francs (or), celle de la Malmaison environ 500 millions (or). Il n'est pas de finances, si brillantes soient-elles, qui puissent subvenir longtemps à de pareilles prodigalités.

« 4° Les bombardements broient tout sur leur passage, détruisent tout vestige d'habitation, rendent le sol improductif pour plusieurs années, transforment le pays en un véritable désert. Quel douloureux résultat quand les batailles se livrent sur le sol national ! »

Et Herr termine par ces mots : « Il faut donc trouver autre chose pour obtenir la décision et amener la fin de la guerre ! »

Il est impossible de porter un jugement plus sévère sur ces deux affaires. Elles avaient eu pour objet de démontrer que l'artillerie peut « conquérir » dans tous les cas, et le grand maître lui-même nous apprend que cette conquête ne peut être réalisée qu'à la condition d'être limitée à 2 ou 3 kilomètres de terrain et d'entraîner une dépense de millions de projectiles et de milliards de francs (de notre monnaie actuelle) et de ne pouvoir être renouvelée avant un mois.

D'autre part, on devait se contenter de ce modeste gain de terrain, car les instructions interdisaient toute poursuite de l'ennemi.

Et c'est sur cette base d'une si douteuse solidité que repose la doctrine de guerre actuelle de l'armée française !

Nous verrons plus loin que, par la plus étrange des contradictions, c'est également sur ces deux mêmes affaires que s'appuie l'artillerie pour se déclarer l'arme des succès décisifs.

Ce ne sont pas les seules observations auxquelles donnait lieu le système d'attaques à objectif limité.

Le général Humbert écrira dans son journal de marche : « On a trop dit : l'artillerie conquiert. » On constatait, en effet, qu'un esprit nouveau tendait à s'introduire dans l'armée.

Certains disaient : « Puisque l'artillerie est l'arme principale, puisqu'elle fait notre besogne, nous pouvons nous considérer comme dispensés d'avoir du courage. Nous n'occuperons que lorsque l'artillerie aura conquis. » Ceux-là se trouvaient, en général, parmi les découragés et les désobéissants de mai 1917.

Heureusement — a-t-on besoin de le dire? — nombreux étaient encore les soldats animés du plus pur sentiment du devoir et décidés à toujours marcher à l'ennemi, l'ordre en étant donné.

D'autre part, il ne fallait pas oublier que l'ennemi se trouvait toujours sur notre territoire et qu'il fallait l'en chasser. Ce ne sont pas les 3 ou 4 kilomètres que nous avions gagnés dans les deux affaires qui avaient modifié la situation.

Le général en chef avait espéré, en concevant son système, parvenir à infliger des pertes sévères à l'adversaire. Or on commençait à se rendre compte que ce n'était là qu'une pure illusion.

Déjà on avait constaté qu'à la Malmaison l'ennemi avait commencé par évacuer sa position à partir du deuxième jour de l'attaque.

Il est probable qu'en cas d'une même opération, il se serait contenté de maintenir quelques hommes, ou quelques silhouettes sur le terrain; qu'il nous aurait laissé dépenser nos millions de projectiles et nos milliards de francs en nous regardant faire du haut de sa deuxième position, là où il était bien tranquille, puisqu'il savait qu'ordre était donné de ne pas l'en déloger.

Il fallait donc trouver autre chose, pour libérer le territoire.

A ce moment, Pétain avait encore une occasion de prouver à ses soldats qu'il les aime et qu'il se préoccupe « d'assurer à la fois la conservation de leur vie et leur gloire ». C'était de mettre fin à la guerre par une éclatante victoire due, avant tout, à son action personnelle.

Il avait une certaine supériorité numérique, l'égalité matérielle, il savait que ses soldats étaient prêts à lui obéir. Il lui aurait suffi, par conséquent, de trouver dans son cœur de chef la disposition basée sur la ruse ou la surprise ayant pour effet de prendre l'ennemi, alors qu'il était privé de la majeure partie de ses moyens, c'est-à-dire avec toutes chances de le déloger de sa position, de le contraindre à la retraite et de le battre.

Comme on doit regretter qu'il n'ait pas recherché pareille solution! D'abord, il aurait eu la gloire immense de mettre fin à la guerre; il aurait, ensuite, démontré que c'est bien dans ce fait d'aimer ses soldats que réside tout l'art de commander. Il aurait, enfin, donné une nouvelle force à la doctrine du courage, tout en enlevant du même coup la prépondérance à la doctrine de la puissance du feu à laquelle son nom est maintenant indissolublement attaché.

Au lieu d'imposer ainsi sa volonté aux événements, ce seront dorénavant les événements qui lui imposeront la leur. Sur les entrefaites, la situation avait subi d'importantes modifications. La Russie était bien près de capituler. Les Allemands allaient pouvoir reporter de notre côté la presque totalité de leurs forces. Il est vrai que, par contre, les États-Unis étaient entrés en guerre en nous annonçant qu'ils mettraient, au printemps de 1918, plus d'un million d'hommes à notre disposition.

Ce que recherchait le général en chef, c'était d'acquérir une supériorité numérique très marquée pour prendre l'offensive. Cette supériorité les Américains nous la donnaient. Il n'y avait donc, d'après lui, qu'à attendre patiemment leur arrivée.

Mais qu'adviendrait-il si les Allemands venaient à se jeter sur nous avant que nos nouveaux confédérés n'aient pu efficacement se porter à notre aide?

Pétain ne voyait qu'un moyen de répondre à cette éventualité, c'était de se tenir rigoureusement sur la défensive.

Il avait, toutefois, décidé de faire intervenir la ruse dans son dispositif de défense. Ordre était donné d'organiser effectivement la résistance sur la deuxième position. On ne laisserait sur la première qu'un masque contre lequel l'ennemi userait ses forces, ce qui le mettrait dans l'impuissance d'attaquer l'autre.

C'est alors qu'éclate le coup de foudre du 21 mars 1918. Les Allemands se sont jetés par surprise sur les armées de l'aile droite des Anglais, avec une telle vigueur, qu'on se demande si elles ne vont pas être jetées à la mer.

La doctrine de la puissance du feu va alors donner sa mesure. Quelle solution va-t-elle suggérer au général en chef? Une seule : Porter quelques divisions au secours de nos alliés, en nombre forcément insuffisant pour leur donner la possibilité de résister victorieusement à l'ennemi et, avec les autres, se préparer à la défense de la capitale.

Quelques jours après, c'eût été les armées de l'aile gauche britannique qui auraient été mises en déroute. C'était alors, en toute vraisemblance, la capitulation de nos alliés.

On n'ose pas conclure.

Heureusement, providentiellement, ce n'est pas cette doctrine passive qui aura à parer à cette situation qui mettait en jeu l'existence de deux pays, c'est la doctrine active du courage, doctrine qui sera maniée par un maître, comme nous allons le voir.

III

LA DOCTRINE DU COURAGE DU PROFESSEUR FOCH

Foch a demandé à l'histoire militaire de lui apprendre la guerre. Il était technicien artilleur; elle l'a rendu philosophe.

Quand il professera la stratégie, il dira (1) : La théorie, la doctrine doivent aboutir [aux fins mêmes de la guerre : à la victoire. Pour cela, un seul moyen : l'acte de force qui est la solution suprême : la bataille.

Or, une bataille gagnée, c'est une bataille dans laquelle on ne veut pas s'avouer vaincu.

Car :

Guerre = département de la force morale;

Victoire = supériorité morale chez le vainqueur; dépression morale chez le vaincu.

Bataille = lutte de deux volontés.

______

(1) Commandant Ch. BUGNET : *En écoutant le maréchal Foch*. Pages 177 et suivantes.

Pour que notre armée soit victorieuse, il faut qu'elle ait un moral supérieur à celui de l'adversaire ou que le commandement le lui donne.

Volonté de vaincre : première condition de la victoire; premier devoir de tout soldat, par conséquent; mais aussi résolution suprême que le commandement doit, au besoin, faire passer dans l'âme du soldat.

Au début de ses études, il inscrira cette grandeur de premier ordre, l'action du chef : pas de victoire possible sans le commandement vigoureux, avide de responsabilités et d'entreprises audacieuses, possédant et inspirant à tous la résolution d'aller jusqu'au bout; actions personnelles qui, dans l'emploi le plus illimité des forces, trouve le moyen d'en accroître la puissance, faisant naître des lieutenants; des troupes de valeur, c'est-à-dire des capacités, des dévouements qui, sans l'étincelle ou l'impulsion d'en haut, seraient restés sans doute d'une banale médiocrité.

La guerre est, avant tout, un art simple et tout d'exécution. Le fait y a le pas sur

l'idée; l'action sur la parole; l'exécution sur
la théorie.

Briser la volonté de l'ennemi, tel est le premier principe; la briser par un coup inat-
tendu, d'une vigueur suprême, telle est la
première conséquence de ce premier principe.

A) Première application (Bataille des Flandres).

Ces principes, Foch aura pour la première
fois à les appliquer quand le général en chef,
au mois d'octobre 1914, fera de lui son adjoint
pour parer à un nouveau et grave danger
dont les Allemands nous menaçaient sur la
frontière du Nord.

On connaît la situation. Anvers a capitulé;
l'armée belge a pu s'échapper. Complètement épuisée par son admirable conduite
depuis le premier jour de la campagne, elle
bat en retraite sur la France, dans l'espoir
d'y trouver le repos dont elle a besoin.

Les troupes allemandes opérant devant
Anvers vont devenir disponibles et être ren-
forcées par trois ou quatre corps d'armée

de nouvelle formation. Avec cette masse, le commandement allemand se propose de s'emparer de Calais et de couper les Anglais de leur base d'opération, ce qui peut fortement contribuer à lui assurer la victoire.

Briser la volonté de l'ennemi; tel est le premier principe à observer. Foch, en prenant son commandement, se dira : « Les Allemands ont la volonté de s'emparer de Calais. Ma volonté est non seulement qu'ils n'y arrivent pas, mais qu'ils ne parviennent pas même à franchir l'Yser. »

On ne peut briser la volonté d'un ennemi solide que par cet acte de force qu'on appelle le combat, qu'en l'attaquant. Mais, pour attaquer, « il faut que la troupe ait un moral supérieur à l'adversaire ou que le commandement le lui donne ».

Les forces dont Foch aura à coordonner les actes sont tout d'abord ce qui reste de l'armée belge, deux divisions anglaises, une brigade de fusiliers marins et deux divisions territoriales et ultérieurement les quelques divisions françaises que le général en chef pourra confier à son adjoint pour faciliter sa mission.

Or, les Belges sont découragés et, pour le moment, ils n'aspirent qu'au repos. Les Anglais ne sont pas encore aguerris et redoutent de se mesurer avec les Allemands. Foch peut compter, par contre, sur le courage des éléments français.

La volonté de vaincre est la première condition de la victoire. Cette volonté, il va donc falloir qu'il commence par l'inculquer à nos alliés.

Or, Foch ne les commande pas. Le roi Albert tient à conserver la direction suprême de son armée et lord French doit éviter de se placer sous les ordres d'un général français.

A sa première rencontre avec le roi des Belges, Foch lui dira : « Moi, soldat de la République, je puis affirmer à votre Majesté que notre cause est juste et sainte et que la Providence nous donnera la victoire (1). »

____

(1) Général AZAN : *Il y a quinze ans. L'Illustration* du 3 août 1929.

Lord French, de son côté, s'exprimera ainsi :
« Foch envisageait la situation sous le jour
le plus optimiste. Je fondais sur l'avenir de
grandes espérances, en le voyant si confiant
dans le succès ». Et, à partir de ce moment,
l'ascendant que Foch exercera sur le maréchal anglais ne fera que grandir à tel point
que celui-ci finira par considérer ses instructions, on peut dire ses conseils, comme des
ordres.

Le roi des Belges, sur l'insistance du haut
commandement français, avait consenti à
renoncer à son projet de retraite et, malgré
l'état d'épuisement de ses troupes, il leur
avait prescrit de s'arrêter sur la ligne de
l'Yser pour la défendre. Il leur adressera
cett proclamation : « Soldats, envisagez
l'avenir avec confiance, luttez avec courage;
le moment est venu, avec l'aide de nos puissants alliés, de chasser du sol de notre chère
patrie l'ennemi qui l'a envahie au mépris de
ses engagements et des droits sacrés d'un
peuple libre. »

On connaît la suite : les Belges sur l'Yser
et les Anglais devant Ypres commencent

par tenir tête aux Allemands en s'appuyant sur le terrain, en les contre-attaquant même sur certains points. Foch, avec les divisions françaises successivement mises à sa disposition, s'occupe d'abord de boucher sur le front les trous dangereux au fur et à mesure qu'ils se produisent et, au moment où nos alliés sont sur le point de succomber, il vient à leur aide pour leur permettre de reprendre le terrain perdu et de repousser l'adversaire.

Finalement, les Allemands, malgré leur énorme supériorité numérique et matérielle, n'avaient pu parvenir ni à franchir l'Yser, ni à s'emparer d'Ypres, et leur défaite se doublait d'une perte d'hommes qu'on a évaluée à 500.000.

A la fin de la campagne, le roi Albert pouvait dire avec orgueil : « La longue et héroïque résistance de mes soldats a brisé l'attaque de sept divisions allemandes qu'elle a rendues pour longtemps incapables d'action. »

Et lord French écrira au roi Georges : « Les paroles me manquent pour exprimer l'admiration que je ressens pour la conduite de mes généraux et de mes soldats et les services incalculables qu'ils m'ont rendus. J'ose prédire que leurs actes fourniront la matière de quelques-uns des plus mémorables chapitres de l'histoire de notre temps ».

On voit à quel degré Foch sut exalter le courage de ses troupes, transformer ses lieutenants en grands chefs, et d'une manière générale, combien la remarquab'e application qu'il fit de sa doctrine contribua à l'éclatante victoire qui fut remportée en cette circonstance.

B) **Commandement du généralissime Foch.**

Franchissons maintenant trois ans et demi; arrivons au 26 mars 1918 et transportons-nous à Dou'lens où les représentants des gouvernements français et anglais sont réunis pour examiner les moyens de parer à la dangereuse situation du moment. Ils reconnaissent que la première mesure à prendre consiste à organiser le commandement unique.

Pétain est appelé à donner son avis. Nous connaissons celui que sa doctrine lui permettait d'émettre. Il n'était pas de nature à rassurer nos alliés.

Foch, lui, soutiendra cette thèse : les Allemands viennent de manifester énergiquement leur volonté de battre les Anglais et de les acculer à la mer. Si les Anglais sont battus, les Français, inévitablement, le seront à bref délai. Nous devons donc, d'abord, donner très largement à nos alliés le moyen de résister à l'ennemi. Nous devons ensuite continuer à briser sa volonté jusqu'à ce que nous puissions, à notre tour, lui imposer la nôtre. C'est ce dont je me sens capable.

Or, les Anglais avaient vu Foch à l'œuvre dans les Flandres. Ils savaient bien que ce n'était pas là une vaine et prétentieuse affirmation. Ils sont, dès lors, les premiers à demander que Foch soit chargé de coordonner les opérations des alliés. Peu de temps après, ils demandaient qu'il fût élevé au commandement suprême.

Les Allemands, par suite de l'effondrement de la Russie, assurés de la supériorité du nombre et du matériel, n'ayant jamais douté, d'ailleurs, de la supériorité du courage, ont pris, le 21 mars 1918, contre les Alliés, sur le front occidental, une offensive foudroyante.

Disposant de leur liberté d'action et ayant entouré leurs dispositions du plus grand secret, ils ont attaqué un point faible au moment où il était le plus faible, l'aile droite des armées britanniques devant Amiens.

Les deux armées qui la composent, complètement surprises, devant l'avalanche qui s'est abattue sur elles, se sentant incapables de toute résistance, ont battu précipitamment en retraite.

Cette brèche large et profonde que nous n'avions jamais pu créer, malgré les luttes sanglantes de trois longues années, les Allemands, en quatre jours, l'avaient ouverte dans le front britannique. A ce moment, 26 mars, Foch reçoit le commandement suprême. Tout d'abord, son action personnelle ne peut se manifester que par sa volonté de vaincre. Ses premières dispositions auront pour effet de la faire passer dans l'âme de tous, afin d'arrêter tout de suite la marche victorieuse de l'ennemi.

Il donnera comme mot d'ordre général :
« Pas un mètre du sol de France à perdre. »

Vingt-quatre heures après (1) « il avait vu tous les chefs aux prises avec l'ennemi; il leur avait fait connaître sa pensée; il leur avait laissé des instructions écrites et s'était assuré de leur exécution; il les avait animés de son souffle et leur avait communiqué sa confiance ». En d'autres termes, il avait rétabli le courage des Anglais et exalté le courage des Français. Les premiers étaient décidés à tenir tête à l'ennemi; les seconds se portaient hardiment en avant à l'aide de nos alliés, tout d'abord pour rétablir avec eux les liaisons perdues.

L'ennemi, alors qu'il se croit déjà victorieux, trouve sur tous les points de la résistance. Commençant lui-même à être fatigué, il s'arrête et se stabilise. Le 3 avril, Amiens est sauvé.

Le 9 avril, nouvelle attaque des Allemands sur l'aile gauche des Anglais devant Hazebrouck, dans l'intention d'atteindre Calais.

____

(1) Général WEYGAND : *Foch*. Journal l'*Illustration*.

Les mêmes faits se reproduisent, les mêmes moyens sont mis en œuvre par Foch et les mêmes résultats sont obtenus. L'armée britannique est alors sauvée de la catastrophe dont elle était menacée.

C'est maintenant contre [les Français que les Allemands ont décidé d'agir. Les renseignements sont concordants sur ce point.

Le généralissime dira alors : « Les Allemands affirment la volonté de nous attaquer. Cette volonté, nous avons le devoir de la briser. Et nous la briserons en leur faisant subir la nôtre, en les attaquant », et il désigne la région de Montdidier comme celle d'où notre offensive pourra le plus avantageusement partir.

Et, à cette occasion, dans ses instructions générales, il précisera au général en chef sa pensée en n'hésitant pas à lui montrer combien sa doctrine diffère de la sienne. Il lui dira particulièrement : « Le jour où notre offensive se produira, elle doit réaliser des avantages moraux, reprise de l'ascendant moral sur l'ennemi; reprise de l'initiative des opérations, des avantages matériels : destruction des forces ennemies, c'est dire que notre offensive ne peut viser un objectif limité par nous-même et à faible portée. Si nous attaquons l'ennemi, c'est pour le battre, le désorganiser le plus possible; la bataille engagée par nous dans ce but, doit être le plus rapidement poussée le plus loin possible avec la dernière énergie — bataille à l'inverse, par conséquent, d'une bataille qu' « on arrête soi-même, ce qui est le contraire de l'attaque, de l'esprit offensif qui doit animer toute l'armée... L'important est de n'arrêter les unités de première ligne, sous aucun prétexte; d'y entretenir le mouvement par tous les moyens : objectifs éloignés; mise en demeure d'agir du commandement à tous les degrés dans un sens et jusqu'à un point final éloigné et bien déterminé de remplir une tâche assignée, au lieu d'un choix abandonné à son initiative sur l'arrêt ou la poursuite de l'action ».

Mais dans l'exécution, nous voulons trop bien faire et il fallait aller vite. Les Allemands devancent notre offensive.

Le 27 mai, en sachant, de nouveau, faire un remarquable emploi de la surprise, ils dirigent sur nous une attaque foudroyante en portant leur principal effort sur un point que nous considérions comme très fort, alors que l'insuffisance de sa garnison le rendait très faible, et ils ouvrent dans notre front une brèche de 60 kilomètres de profondeur et de largeur équivalente, ce qui les amène sur la Marne, à Château-Thierry. Ils n'ont plus qu'un pareil bond à faire pour arriver sous les forts de la capitale.

Nous subissons là une véritable défaite dont la gravité s'accentue encore par ses répercussions sur notre politique. Clémenceau sauve heureusement Foch de la disgrâce. Celui-ci, plus que jamais, affirme sa foi dans la victoire et, de nouveau, sait la faire partager par tous. Français et alliés se portent au-devant de l'ennemi et finissent par transformer en poche la brèche de Château-Thierry.

C'est maintenant Paris que les Allemands visent. Il leur faut préalablement élargir leur front d'attaque; ils en chargent deux armées qui s'avancent, l'une par la vallée de l'Oise, sur Compiègne, et l'autre en Champagne, sur Châlons.

Jusqu'ici Foch n'avait pu affirmer son action personnelle que par sa volonté de vaincre. Il va s'attacher maintenant à ce que nous profitions des dures leçons que nous a infligées l'adversaire.

C'est grâce à la surprise qu'un détachement de 5 divisions tombe de flanc sur 35 divisions et arrête leur marche sur Compiègne. C'est parce que notre armée de Champagne a fait usage de la ruse, en concentrant toute sa défense sur ses deuxièmes positions, que l'ennemi doit renoncer d'arriver à Châlons.

Grâce à l'action de Foch, les trois retentissants succès allemands, des 21 mars, 9 avril, 27 mai n'ont pu être transformés en victoires. L'adversaire se montre maintenant impuissant à poursuivre l'exécution de sa propre volonté. « C'est à moi, dira alors le généralissime, à lui imposer la mienne. »

D'autre part, les Américains commencent à nous assurer la supériorité du nombre et du matériel. Nos troupes viennent d'affirmer leur supériorité morale. Nous disposons donc des éléments nécessaires pour quitter l'attitude défensive et passer à l'offensive.

C'est ce que Foch expose, dans son fameux mémoire du 24 juillet, dont il donne connaissance aux trois généraux en chef. Il ne pourra toutefois procéder aux opérations décisives, qu'après avoir retrouvé la libre disposition des grandes voies ferrées.

Notre 10e armée, grâce à la surprise, dégage la première partie de la voie Paris—Avricourt, tout en réduisant la poche de Château-Thierry.

Un groupement, sous la haute direction du généralissime, placé sous le commandement du maréchal Haig, composé d'une armée britannique et d'une armée française, dégage la voie ferrée d'Amiens en remportant, le 8 août, à la bataille de Montdidier et toujours grâce à la surprise, une véritable victoire. « Jour de deuil », écrira Ludendorff. L'armée allemande avait, en effet, donné ce jour-là, des preuves évidentes d'un commencement de décomposition.

Une armée américaine, sous le commandement du général Pershing, achève de dégager la voie ferrée Paris—Avricourt en s'emparant de Saint-Mihiel.

Ce résultat acquis, Foch se sent assez fort pour en finir, d'un seul coup, avec les armées allemandes. Et, dans sa note du 30 août, il jette les bases de l'opération qui doit décider de la victoire.

En raison de la forme demi-circulaire que présente le front des deux adversaires, si une force importante de notre droite partant de la région Champagne-Argonne pouvait s'emparer ou même s'approcher de Mézières, les armées ennemies opérant sur l'Aisne, sur la Somme, en Artois et même en Belgique, voyant leurs communications menacées, seraient obligées de battre rapidement en retraite, retraite qu'une vigoureuse poursuite pourrait transformer en débâcle.

L'attaque principale est confiée à un groupement composé de l'armée américaine, opérant en Argonne et à une armée française opérant en Champagne.

Tout a été fait, — grande supériorité numétique, puissante artillerie pouvant dépenser des munitions sans compter, chars d'assaut, surprise — pour que l'opération soit couronnée de succès.

Enfin, le généralissime n'a pas manqué de rappeler au général en chef que les actions doivent toujours être poussées à fond; qu'il faut moins se préoccuper des risques; la violence des chocs et l'élan des troupes devant être les caractéristiques de la manœuvre.

Le 26 septembre, l'armée américaine s'avance jusqu'aux abords de Montfaucon. Le 3 octobre elle s'empare de cette butte et la dépasse. L'armée française fait, par sa droite, une avance équivalente. Mais sa gauche, dès la première heure, est complètement arrêtée par la position de N.-D.-des-Champs. Le 3 octobre, elle n'avait pas pu encore s'emparer de celle-ci malgré la quantité astronomique de munitions qu'avait brûlée son artillerie. L'ennemi avait eu. alors le temps d'accumuler de nouvelles forces devant les deux armées assaillantes.

L'expédition conçue par Foch pouvait, à ce moment, être considérée comme ayant échoué.

On ne sera pas étonné que le généralissime n'ait pas été satisfait. Il exprimera son mécontentement dans une lettre très dure qu'il adressera au général en chef (1).

Après avoir spécifié que « l'adversaire saisi de toutes parts ne résistait sur certains points du front qu'avec des éléments usés, hétérogènes et réunis à la hâte et dans une région où toutes les organisations ennemies ont déjà été enlevées », Foch ajoutait : « La journée du 3 octobre montre une bataille qui n'est pas commandée, une bataille qui n'est pas poussée; une bataille qui n'a pas d'ensemble; faute d'élan, comme aussi de combinaisons réalisées dans l'action des différents corps d'armée et, par suite, une bataille où il n'y a pas d'exploitation des résultats obtenus.

« C'est en donnant à plein, avec ensemble, le jour favorable, que nous ménagerons les troupes et que nous obtiendrons économiquement les grands résultats, au lieu de mener une bataille traînante, dans laquelle hommes, munitions et derniers beaux jours s'épuisent pour des résultats moindres.

———————

(1) Hanotaux : *Histoire illustrée de la guerre de 1914.* Tome 17, page 170.

« Je vous demande donc de bien vouloir donner des instructions en conséquence au haut commandement (groupes d'armées et armées) en vue d'assurer dans la phase actuelle de la guerre de mouvement une conduite personnelle et agissante sur le terrain. Animer, entraîner, veiller, surveiller, voilà avant tout sa première tâche. »

Ce document se passe de commentaire.

L'ennemi n'étant plus menacé sur ses derrières, put alors concentrer sa défense sur la ligne Hindenburg, puis sur la ligne Hermann, lignes que nos armées du centre et de gauche devront aborder directement.

Pour tirer le meilleur parti de cette situation, tout en évitant [des pertes, la note du 10 octobre prescrivait aux divers groupements entre lesquels étaient réparties les forces, groupements composés généralement d'éléments français et d'éléments alliés, de prendre comme règle de s'arrêter devant les points énergiquement défendus et de les faire tomber par le débordement des groupements voisins.

Et, plus que jamais, Foch commandait : « Attaquez, attaquez ! afin de ne jamais laisser à l'ennemi le moindre répit. »

Il n'en continuait pas moins à attacher la plus grande importance à l'action du groupement franco-américain de notre droite qu'il mettait sous les ordres d'un chef de grande énergie. Ce groupement finissait alors par vaincre la résistance de l'ennemi. La droite de l'armée américaine arrivait jusqu'à proximité de Stenay, c'est-à-dire là où aboutissait la gauche de la dernière ligne de défense des Allemands, dite Anvers—Meuse.

Les effets de la manœuvre projetée par Foch commençaient alors à se faire sentir. Le haut commandement allemand, se rendant compte du danger dont ses armées étaient menacées, leur donnait l'ordre de se replier sur cette ligne. C'était l'effondrement de tout le front que notre adversaire avait défendu avec tant d'énergie pendant quatre ans. La guerre de plein mouvement allait enfin succéder à la guerre de position. A ce moment, les armées allemandes étaient déjà découragées, se rendant compte qu'elles marchaient vers la capitulation. On sait que c'est pour éviter pareille catastrophe que le Gouvernement allemand demandait un armistice, qui lui était accordé le 11 novembre et qui, en réalité, mettait fin à la guerre.

Ce jour-là, Foch adressait à ses troupes la proclamation suivante : « Après avoir résolument arrêté l'ennemi, vous l'avez, pendant des mois, avec une foi et une énergie inébranlables, attaqué sans répit. Vous avez gagné la plus grande bataille de l'histoire et sauvé la cause la plus sacrée : la liberté du monde. Soyez fiers. D'une gloire immortelle, vous avez paré vos drapeaux. La patrie vous garde sa reconnaissance. »

IV

LE ROLE DE L'ARTILLERIE
APPRÉCIÉ
PAR SON ANCIEN GRAND-MAITRE

L'artillerie a eu, pendant la campagne 1914-1918, un rôle de la plus haute importance. Il ne peut venir à l'esprit de personne de ne pas le reconnaître et de ne pas reconnaître, en même temps, qu'elle l'a rempli avec une compétence, un zèle et une vigueur qui lui font le plus grand honneur.

Mais l'artillerie est-elle en droit de déclarer que ce rôle y a été prépondérant; que c'est à la puissance de son feu que nous devons la victoire; qu'elle est, en un mot, l'arme des succès décisifs? Or, c'est ce que proclame l'ancien grand-maître dans son livre.

Nous avons voulu savoir comment il justifie cette affirmation et, d'une manière géné-

rale, comment, d'après lui, s'est comportée
l'artillerie dans les principales affaires auxquelles elle a pris part. Nous pourrons ainsi
comparer ses données aux nôtres.

Bataille des frontières et bataille de la Marne.
— Nous avons dit qu'on devait voir dans la
bataille des frontières la cause première et
primordiale de la victoire finale. Pour donner à son offensive un caractère foudroyant,
le général en chef avait dû appliquer le Règlement de 1914, aux termes duquel l'artillerie
ne devait pas préparer les attaques et se
contenter de les appuyer.

Le grand-maître porte sur cette affaire le
jugement suivant :

« Dès les premières rencontres se sont mani-
festés les deux vices fondamentaux de notre
doctrine tactique et de notre organisation.
Méconnaissance de la puissance du feu; insuffisance numérique et matérielle de l'artillerie
lourde. » « Nos canons de 75 ne peuvent
donner à l'infanterie l'appui qui lui est
nécesssaire et qui, le plus souvent, ne lui
est même pas demandé. » « L'infanterie se

lance à l'assaut sans que l'artillerie ait préparé les attaques. » « Les moyens de feu de l'ennemi tirent comme sur un terrain de manœuvre, fauchant littéralement notre malheureuse infanterie qui subit des pertes effroyables. »

Voici comment il apprécie la bataille de la Marne : « Le haut commandement prend sagement la décision de rompre une bataille mal engagée, pour prendre du champ, réorganiser ses forces et ne reprendre l'offensive qu'avec des unités reconstituées et bien soudées entre elles. Notre infanterie, qui a reçu des renforts et qui, avertie par la leçon du début, se montre plus prudente et fait preuve de qualités remarquables. Inversement, l'infanterie ennemie, grisée par ses premiers succès, moins bien appuyée par son artillerie qui a de la peine à suivre et dont les munitions n'arrivent pas, tombe, à bonne distance, sous le feu de nos canons de 75 qui opèrent, dans ses rangs, des coupes sombres. »

« Dans la première partie de la guerre, ce qui frappe surtout les combattants, c'est la puissance irrésistible de l'artillerie lourde. »

Guerre de position. — Commandement du général Joffre. — Le problème, avons-nous dit, ne consistait, tout d'abord, qu'à faire dans le front ennemi une brèche large et profonde. Le général 'en chef comptait absolument, pour obtenir ce résultat, sur notre artillerie. Pendant deux longues années, nous avons livré de nombreux combats avec des effectifs de plus en plus élevés et des moyens de feu de plus en plus puissants. Or, à la fin de 1916, l'ennemi, à quelques kilomètres près, occupait les mêmes emplacements qu'à la fin de 1914. Et nous avions perdu 500.000 hommes.

Il était intéressant de savoir à quelles causes le grand-maître attribue pareil insuccès.

Nous résumons, ci-après, les explications qu'il nous donne :

Herr commence par nous exposer la part prise par l'artillerie, tant dans les petites opérations que dans celles de grande envergure, en insistant sur les progrès réalisés dans l'organisation de l'artillerie, et surtout de l'artillerie lourde; par le programme du 5 août 1915, l'instruction du 20 novembre 1915, l'instruction du 16 janvier 1916. A la fin du printemps de 1916, nous disposions de 4.500 canons de 75, 2.500 pièces d'artillerie lourde mobile, 2.400 pièces servies par l'artillerie à pied, 1.900 d'artillerie lourde à grande puissance, 60 pièces de marine, 1.500 mortiers de tranchées...

Il ajoute : « Si l'application, dès l'année 1916, des instructions n'a pas donné de résultats décisifs, c'est que nous n'avions pas encore les moyens d'artillerie, matériel et munitions suffisantes pour prononcer des attaques sur des fronts assez larges et pour répéter les coups de bélier capables d'amener l'écroulement de la ligne ennemie. »

Il dira plus loin : « A Verdun, du côté allemand, l'artillerie a montré son irrésistible puissance offensive; du côté français son indiscutable efficacité défensive. Mais l'artillerie française était moins bien outillée que son ennemie, en raison de la moindre portée de ses matériels qui ne lui permettait pas toujours d'employer à une même concentration un nombre suffisant de bouches à feu. » Et il conclut : « Toujours plus de portée, toujours

plus de calibres, toujours plus de rapidité
de tir, toujours plus de canons mis en œuvre,
toujours plus de munitions à dépenser, telle
est la leçon de Verdun. »

Il tire de la bataille de la Somme l'enseignement suivant : « L'infanterie qui se rend
compte, à chaque attaque, que les pertes
sont d'autant moins élevées que l'artillerie
est intervenue avec plus de puissance, aug-
mente sans cesse ses exigences; elle demande
au canon de supprimer l'obstacle de fil de
fer, de bouleverser les tranchées, de réduire
au silence les engins de feu de l'artillerie... »

Et comme conclusion : « La bataille de la
Somme a montré avec évidence que nous ne
possédions pas assez d'artillerie. » Or, il nous
avait appris que, dans cette grande affaire,
il y avait 1 pièce de 75 par 34 mètres de front
1 pièce lourde par 28 mètres de front; une
pièce d'A. L. G. P. par 210 mètres de front
et que la préparation avait duré 7 jours.

Que penser de cette expression : les exigences de l'infanterie?

Cette arme doit aborder l'adversaire. Il
faut donc qu'elle en ait la possibilité maté-

rielle et, par conséquent, que les obstacles qui s'opposent à sa progression aient été préalablement supprimés. Le moindre fil de fer qui l'arrête l'expose à être anéantie, en quelques minutes, par les mitrailleuses adverses. Et en formulant pareille demande, l'infanterie fait preuve d'exigence! On voit qu'aux yeux d'un artilleur, c'est l'infanterie qui est au service de l'artillerie et non l'artillerie au service de l'infanterie.

Parmi les causes de nos constants insuccès, nous avons mentionné la trop longue durée attribuée aux préparatifs, parce qu'elle avait pour effet de transformer les attaques en des opérations de vive force, contre un ennemi ayant pu s'entourer de tous ses moyens de résistance.

L'artillerie, disons-le encore une fois, ne cessera de reprocher au vainqueur de la Marne « les hécatombes de 1914 » parce qu'il n'avait pas fait « préparer les attaques ». N'est-il pas curieux de constater que c'est précisément cette même préparation qui a causé les hécatombes de 1915 et 1916, autrement sanglantes que les précédentes?

Celles-là nous avaient permis de remporter deux grandes victoires. Avec celles-ci, nous n'avons jamais pu faire une brèche de quelque importance dans le front ennemi et nous savons ce qu'elles nous ont coûté.

Naturellement Herr est muet sur ce point.

Commandement du général Nivelle. — Voici comment il apprécie la grande offensive du printemps de 1917, la fameuse affaire du Chemin des Dames : « Le commandement a mis en œuvre des moyens notablement supérieurs en 1917 et ces moyens étaient plus modernes; mais l'expérience a démontré, d'une manière péremptoire, que ces moyens étaient encore insuffisants; obligés de répartir les efforts sur deux ou parfois trois positions, échelonnées sur une profondeur de 7 à 8 kilomètres, l'artillerie n'a pu le faire qu'au détriment de son action sur les premières lignes qui est devenue insuffisante. D'où l'insuccès final de l'attaque.

« Si nous avions alors des disponibilités d'effectifs, le matériel que nous possédions au printemps de 1917 n'était pas à la hauteur du plan grandiose conçu par le commandement. L'erreur de ce dernier a été précisément d'avoir basé tout son plan sur l'apogée des effectifs, alors qu'il eût dû considérer tout d'abord l'état de ses moyens matériels. En avril 1917, les Alliés ne sont pas encore en mesure de doter leurs armées des engins de lutte qui leur sont nécessaires. »

Ainsi, pour Herr comme pour Nivelle, le combat n'est pas, comme l'a pensé un autre artilleur qui a, aujourd'hui, quelque célébrité, une lutte de forces morales, mais bien un conflit dans lequel n'interviennent que deux éléments : les effectifs et le matériel.

Les effectifs, c'est l'infanterie. Quant au courage, il n'en est pas question. C'est un élément accessoire. La puissance du feu ne le rend-elle pas d'ailleurs généralement superflu ?

Ce facteur moral, les artilleurs devaient malheureusement reconnaître qu'il avait quelque importance. Nivelle avait reçu une armée dont il proclamait la vaillance et il l'avait rendue non seulement découragée, mais donnant des signes manifestes de désobéissance et même de mutinerie, à tel point qu'on pouvait se demander si elle n'était pas d'ores et déjà condamnée à la défaite. Il fallait, toutes choses cessant, la remettre en état de combattre. Sur tout cela, le grand-maître n'insiste pas.

Commandement du général Pétain. — Pour remplir sa mission, consistant à relever le moral de l'armée et à chasser l'ennemi du territoire, Pétain a conçu le système d'attaques à objectif limité. Nous avons reproduit toutes les observations auxquelles ce système a donné lieu de la part du grand-maître. Nous avons dit qu'il était difficile de porter sur les opérations du Mort-Homme et de la Malmaison un jugement plus sévère.

On pouvait croire que c'était là, de sa part, une condamnation absolue du système. Or, par la plus étrange des contradictions, voici les conclusions qu'il en tire au sujet du rôle de l'artillerie :

« Le système des attaques à objectif limité confirme ce que l'on savait déjà de la puissance décisive de l'artillerie. Il montre qu'en y mettant le prix, on peut être assuré d'obtenir un résultat déterminé, sans grande dépense de vies humaines. Il donne des indications précises sur la proportion d'artillerie à employer dans la bataille quand on a des raisons de vouloir gagner celle-ci, à coups de canon, plutôt qu'à coups d'hommes et qu'on a le matériel suffisant pour pouvoir le tenter. Il semble bien que, dans les batailles de 1917, on ait réalisé, peut-être avec un léger succès, cette proportion optima d'artillerie. Retenons qu'il y a eu parfois plus d'artilleurs que de fantassins à la bataille et tirons-en la conclusion que l'égalité des effectifs des deux armes représente vraisemblablement la proportion à rechercher. »

Nous avons vu plus haut que c'est déjà sur les affaires du Mort-Homme et de la Malmaison que s'est élevée la doctrine de la puissance du feu.

C'est également sur celles-ci que l'artillerie s'appuie pour déclarer sa puissance décisive et réclame des effectifs égaux à ceux de l'infanterie.

Et c'est sur une pareille base, sur une base aussi douteuse que reposera tout l'édifice de l'organisation, de la stratégie et de la tactique d'après-guerre.

Ce fait, il importait de le mettre hors de doute.

Commandement de Foch, généralissime. — Pendant le commandement de Foch, les Allemands, sachant tirer un remarquable parti de la surprise, ont remporté les trois brillantes affaires des 21 mars, 9 avril et 27 mai 1918. Herr se contente de les rappeler. Il va, par contre, s'étendre sur la campagne offensive.

A la date du 1ᵉʳ juillet 1918, la situation de notre artillerie est la suivante :

Nous disposions de 4.824 pièces de 75; 4.361 pièces d'artillerie lourde mobile; 1.423 d'artillerie à pied; 160 batteries de tranchées; 327 matériels d'A. L. G. P. Nous pouvions compter sur 9 millions de coups de 75; 2.500.000 coups de 155, dont 500.000 coups d'obus fumigènes, et nous fabriquions 40 tonnes d'ypérite par jour.

« L'artillerie, dit Herr, a maintenant une organisation rationnelle; elle est pourvue d'une forte proportion de matériels modernes, à tir rapide et à grande portée; son instruction tactique et technique a atteint un haut degré de perfection. Elle est prête pour la bataille offensive. Étant devenue un instrument de manœuvre d'une puissance et d'une souplesse incomparables, elle va pouvoir jouer un rôle capital dans la glorieuse campagne qui terminera la guerre.

« En avril 1917, le commandement ayant estimé avoir atteint l'apogée de ses effectifs, a voulu livrer la bataille des effectifs, et il n'a obtenu, avec des pertes sanglantes, que des résultats tactiques transitoires. En juillet 1918, les effectifs alliés, même avec l'appoint des premières divisions américaines, sont encore inférieurs aux effectifs allemands. Par contre, les armées alliées sont à l'apogée de leur matériel et la supériorité de ce matériel sur celui de l'adversaire très marquée, va s'affirmer de plus en plus au fur et à mesure de l'usure ennemie. La bataille du matériel qui va s'engager conduira au succès définitif ».

Nous espérions que Herr nous citerait les circonstances dans lesquelles s'est affirmé ce succès. Nous devons constater qu'il n'en est rien. Il nous signale, par contre, les faits suivants qui ne font, comme on va le voir, que combattre son affirmation.

Dans toutes les attaques de 1918, notamment du 18 août au nord de l'Aisne et du 28 septembre en Champagne, où nous nous sommes trouvés en présence de fronts solidement organisés, la densité du matériel employé a été nécessairement considérable et il n'a été possible de vaincre, avec des moyens moindres, que là où le front, stabilisé depuis peu, avait une organisation sommaire.

L'offensive du 26 septembre, qui s'attaquait à un front fortifié de longue date et particulièrement solide, a nécessité, malgré le concours des chars, malgré le surcroît dû à la surprise, une consommation formidable de munitions. Il a été tiré le 26 septembre, 1.305 000 coups de 75, 360.000 coups d'artillerie lourde

Nous savons quelle était la situation à cette date. On commençait à procéder à l'exécution de la manœuvre préparée par Foch, pour en finir d'un seul coup avec les Allemands. Certainement si, à ce moment, l'artillerie avait permis à l'infanterie de s'emparer de 'a position de Notre-Dame-des-Champs, ensuite de se porter à hauteur de l'armée américaine qui avait dépassé Montfaucon, afin d'entraîner celle-ci jusqu'à l'Aisne, comme le prévoyait le généralissime, elle aurait assez contribué à la victoire pour proclamer qu'elle avait été, cette fois, l'arme des succès décisifs.

Dans l'affaire de la Malmaison, où l'artillerie avait également dépensé une quantité astronomique de munitions, les fantassins en se portant en avant avaient estimé que l'artillerie avait « conquis ». Ici, les fantassins ne l'avaient pas encore reconnu, puisqu'ils ne s'étaient pas décidés à « occuper ». Et cependant l'artillerie avait tonné pendant huit jours.

Pour déloger l'ennemi de sa position, il fallut demander le concours de divisions américaines et faire déborder celles-ci par les éléments voisins. Nous avons vu que c'est la cause principale de l'échec de la belle conception de Foch. Il devra reprendre sa manœuvre le 19 octobre et, nous le savons, c'est cette opération qui, en réalité, mettra une fin victorieuse à la guerre.

Ce qu'on put particulièrement constater en cette circonstance, c'est le gaspillage insensé qui fut fait des munitions. Le commandement dut intervenir pour l'arrêter. Il en fut certainement de même sur d'autres points. Herr nous apprend, en effet, qu'au cours de la campagne offensive, la consommation dépassa toutes les prévisions, alors que les fabrications ne donnaient pas ce qu'on avait attendu d'elles. A la fin de la campagne, la situation était très tendue. Nous ne disposions que de 2.500.000 coups de 75, à peine le double de ce que nous avions consommé dans la seule journée du 26 septembre, devant Notre-Dame-des-Champs.

Nous arrivons maintenant aux conclusions du livre.

Herr nous dit : « La grande leçon de la guerre a été, sans contredit, la manifestation éclatante de la puissance du feu. »

C'est là un truisme : on se demande comment il pourrait en être autrement avec les engins de plus en plus destructifs que la science crée tous les jours. Si, comme elle sera réglementairement qualifiée, cette puissance du feu est déjà aujourd'hui écrasante, elle le sera encore plus demain et c'est là une éventualité avec laquelle il faut d'ores et déjà compter.

Herr ajoute : « Un enseignement qui ne lui cède, d'ailleurs, qu'à peine en importance, a été la révélation inattendue de la prépondérance du feu de l'artillerie. »

Et par prépondérance, Herr ici entend la prépondérance dans le succès : c'est ce que le grand-maître aurait dû nous démontrer et nous démontrer par des faits indiscutables. Or, nous avons vu qu'il n'en cite qu'un : la conduite de l'artillerie aux affaires du Mort-Homme et de la Malmaison.

Finalement, on est amené à apprécier ainsi sa thèse : elle part de ce fait que l'artillerie est l'arme des succès décisifs pour conclure qu'elle est l'arme des succès décisifs. Et c'est sur cette « pétition de principe » que repose surtout son audacieuse affirmation.

On reconnaîtra qu'il soit difficile de l'accepter.

Il ne va pas moins en déduire les conséquences absolument comme si elle représentait une vérité de toute évidence.

Il commence par nous démontrer que la puissance du feu rend inutile l'esprit de sacrifice : « Les plus beaux miracles de l'abnégation, la flamme sacrée de l'héroïsme, l'ardeur du plus brûlant patriotisme ne sauraient, à eux seuls, prévaloir contre la destruction aveugle, brutale et complète par les engins perfectionnés de la guerre moderne. Le cri fameux : « Debout les morts ! » est, certes, un mot sublime; on ne saurait en faire la base d'une doctrine de combat : ce n'est point avec des cadavres que l'on gagne des batailles. L'holocauste des milliers de héros marchant à poitrine découverte et pourvus d'engins insuffisants contre un ennemi puissamment armé et organisé, peut bien servir à illustrer un chapitre de Plutarque; il ne doit plus apparaître dans l'histoire de France. Notre pays n'est pas assez riche en « matériel humain » pour avoir c droit de faire la guerre à coups d'hommes. »

A cela, nous répondrons : ce chapitre de Plutarque a été écrit pendant la guerre et constituera une des plus belles pages de notre histoire. C'est à la bataille des frontières : ce jour-là, des milliers de héros ont marché à poitrine découverte, sans se préoccuper du danger qu'ils couraient et de la manière dont ils étaient soutenus par l'artillerie. Il fallait empêcher l'ennemi de nous vaincre, alors que les minutes étaient comptées. C'est ce qu'ils ont fait en prenant cet ennemi à la gorge, et dès ce jour, l'ennemi a dû renoncer à la victoire.

« Ce n'est pas avec des cadavres que l'on gagne des batailles. » A cela nous répondrons : ce sont les cadavres des héros du début et de la fin de la guerre qui ont gagné les batailles, qui ont le plus contribué à sauver le pays. Les autres, ceux qui ont jonché le sol, alors que nous demandions le succès à notre artillerie, sont tombés, on peut dire, inutilement, cette arme n'étant même jamais parvenue à faire même seulement une brèche de quelque importance dans le front adverse.

C'est donc finalement notre excès de confiance dans l'artillerie qui a le plus contribué à épuiser « notre matériel humain ». C'est surtout en faisant la guerre |à coups de canon que nous l'avons faite à coups d'hommes.

Herr tient ensuite à nous démontrer que « l'augmentation du matériel est un des plus puissants moyens dont on dispose pour exalter les forces morales : Une armée qui se sent mieux outillée que son adversaire le domine aussitôt moralement : sa valeur morale s'accroît de toute sa supériorité matérielle ».

Il est de toute évidence que l'organisation d'une armée doit avoir normalement pour effet de lui attribuer un matériel d'artillerie supérieur à celui de l'adversaire. Il y a à ce principe une limite, car tout matériel qui n'est pas employé dans le combat donne lieu à un alourdissement pouvant rendre toute manœuvre impossible.

Il est évident également qu'une troupe qui, ayant à aborder l'adversaire, se voit puissamment soutenue par l'artillerie, est plus disposée à faire acte de courage.

C'est le cas de la situation normale, le cas où l'infanterie est l'arme principale et l'artillerie l'arme auxiliaire. Mais qu'advient-il quand c'est l'artillerie qui est l'arme principale, avec la prétention de « conquérir », l'infanterie n'ayant plus qu'à « occuper »?

A partir de ce moment, nous le redirons encore, la troupe d'infanterie ne songe à faire acte de courage que lorsque l'artillerie a délogé l'adversaire. Elle cesse, en réalité, d'avoir du courage.

L'histoire est là pour montrer qu'à partir du moment où une armée met toute sa confiance dans le nombre et la puissance de l'arme de jet, elle affirme sa décadence et s'expose à être facilement battue par une troupe numériquement plus faible, qui met toute sa confiance dans le courage au service de l'arme de main.

Herr nous dit que « l'augmentation du matériel n'entraîne pas la diminution des effectifs; bien au contraire, mais elle en impose une autre utilisation. Ce qui diminue, c'est le nombre des combattants de première ligne et c'est tout avantage » — « le commandement peut alors, à puissance militaire égale, exposer un personnel moins nombreux au feu de l'ennemi ».

Il est impossible de nier d'une manière plus cynique, l'utilité au combat, nous ne dirons pas du courage de l'infanterie, mais de l'infanterie elle-même.

Or, nous avons vu ce qui s'est passé en avril 1917, où un général d'artillerie engageait une bataille dans laquelle il ne faisait entrer que des effectifs et du matériel. Il avait annoncé bien haut que la victoire était certaine. On lui avait confié une troupe de héros, il en avait fait une troupe de mutins, compromettant au plus haut point le salut même du pays.

Mais ce que Herr vise surtout dans son livre, c'est que la qualité d'arme principale soit, dans l'avenir, attribuée à l'artillerie comme une conséquence même de la guerre.

Il nous démontrera que l'artillerie doit conserver la place qu'elle occupait dans la bataille en 1918.

Tout ce qui lui avait été nécessaire pour

lutter pendant quatre ans contre un adversaire disposant d'une artillerie supérieure, s'étant installé dans ses positions qu'il avait su rendre imprenables, Herr estime que tout cela doit lui être maintenu en temps de paix pour lui permettre de remplir le rôle qui lui sera dévolu dans l'avenir.

Il nous prédira, d'ailleurs, que la prochaine guerre sera encore une guerre de position.

Nous avons vu qu'il estimait déjà que l'artillerie devait avoir des effectifs égaux à ceux de l'infanterie, il va plus loin : « Au lieu d'exposer, comme autrefois, la majeure partie en première ligne, dans l'arme qui souffre le plus à la bataille, il faut, au contraire, calculer, avec la plus stricte économie, la proportion d'hommes à affecter à l'infanterie. Le gros des effectifs doit aller aux armes à matériel qui, avec peu de monde, font beaucoup de besogne et, parmi celles-là, il faut avantager celles qui ont le plus fort rendement ».

Il ne va pas jusqu'à réclamer l'autonomie de son arme; mais, déjà, dans le rapport qu'il eut à établir, au moment de la revision des règlements, il demandait qu'il fût statué, qu'il n'y eût dans le combat, aucune arme devant être subordonnée à une autre ».

Naturellement il n'a pas oublié la part qui revient aux cadres supérieurs de l'artillerie.

Il considère comme nécessaires les commandements suivants :

Un général de division, ayant rang de commandant de corps d'armée, commandant la réserve générale d'artillerie.

Un général de division, ayant rang de commandant de corps d'armée, commandant l'artillerie de l'armée.

Un général de division, commandant l'artillerie des corps d'armée.

Un général de brigade, commandant l'artillerie divisionnaire.

Un général de brigade (ou colonel), commandant la brigade d'artillerie de corps d'armée.

Nous terminerons par l'observation suivante :

Nous avons ouvert le livre du général Herr pour savoir sur quoi il s'appuyait pour qualifier l'artillerie arme des succès décisifs.

La raison, nous avons fini par la trouver, et c'est l'auteur lui-même qui nous a signalé sa valeur négative.

La seule conclusion que nous puissions tirer de notre enquête est donc que l'artillerie n'a droit qu'à la qualité d'arme auxiliaire à la disposition de l'infanterie, pour lui permettre de mener à bonne fin sa redoutable tâche.

Mais ce que nous avons constaté, ce que nous avons découvert, c'est que la doctrine nouvelle, la doctrine de la puissance du feu, reposait absolument sur la même base, sur une base aussi fragile que la prétention de l'artillerie à la qualité d'arme principale.

Ces deux questions sont donc liées de la manière la plus étroite. Toutes deux partent de ce point : le feu a un caractère écrasant — l'artillerie n'a qu'une arme : le feu. Donc, c'est le feu de l'artillerie qui a la prépondérance dans le succès.

Or, la doctrine nouvelle a pour créateur celui qui a été « un des premiers à comprendre le rôle essentiel qui incombe à l'artillerie dans la bataille ».

Herr savait bien, en écrivant son livre,

que toutes ses suggestions seraient examinées avec intérêt. C'est ainsi qu'on peut expliquer comment, dans sa thèse, avec des prémisses aussi faibles, il a pu arriver à des conclusions aussi audacieuses.

Or, celles-ci sont aujourd'hui généralement admises.

Avocat d'une cause des plus contestables, il a pu la faire triompher de la manière la plus éclatante. Dans la réalité, l'artillerie est aujourd'hui l'arme la plus considérée; demain ce sera peut-être un artilleur qui deviendra le grand organisateur de l'armée dans les hautes fonctions de chef d'état-major général. Ce jour-là, l'infanterie aura à jamais vécu comme arme principale.

On pourra dire alors que la Patrie est en danger.

CONCLUSION

L'INFANTERIE
ARTISAN PREMIER DE LA VICTOIRE

Nous allons maintenant jeter un coup d'œil d'ensemble sur les faits que nous venons d'examiner, pour être en mesure de répondre à cette question : De ces deux éléments : le courage et la puissance du feu, quel est celui qui a le plus contribué à la victoire qui a couronné nos armes ?

Et d'abord une remarque : Tout le monde comprend ce mot : la puissance du feu. Mais qu'entend-on, en réalité, par ce mot : courage ?

Les règlements militaires ne manquent pas de consacrer quelques lignes aux facteurs moraux pour en rappeler l'importance. Ils disent que le courage, la discipline, le patriotisme sont les éléments prépondérants du succès. Mais ils ne définissent pas le courage. C'est ce que nous allons faire.

Le courage, à la guerre, est la volonté d'affronter ou de subir les dangers inhérents à la guerre. Or, à ces dangers, en raison de la longue portée de nos engins de destruction, en raison surtout de ce qu'ils ont pris des ailes, sont exposés aujourd'hui, combattants, non-combattants, population civile, même dans les régions les plus éloignées du champ de bataille.

Pour les troupes, ce danger croît généralement en intensité au fur et à mesure qu'elles s'approchent de l'adversaire. Il atteint son maximum pour celles qui sont chargées de l'aborder, c'est-à-dire pour les troupes d'infanterie.

On a pu préciser l'importance relative du danger que courent les différentes armes, par le pour-cent (indiqué ci-après) des pertes qu'elles ont subies pendant la guerre.

ARMES	OFFICIERS	SOLDATS
	%	%
Infanterie.	29	29,9
Cavalerie	10,3	7,6
Artillerie	9,2	6
Génie.	9,3	6,4
Aviation	21,0	3,3

On constate ainsi que le fantassin est près de cinq fois plus exposé que l'artilleur et, par conséquent, qu'il doit affirmer un courage cinq fois plus accentué.

Aussi, quand nous prononcerons le mot courage, nous viserons particulièrement le courage déployé par l'infanterie, courage voulant dire, pour cette arme, volonté d'aborder l'adversaire, quand l'ordre en est donné.

Dans la direction des opérations, deux doctrines ont guidé nos généraux en chef. Nous les avons appelées la doctrine du courage et la doctrine de la puissance du feu.

La doctrine du courage voit, avant tout, dans la bataille, une lutte entre des forces morales et met le succès dans la supériorité du courage; elle exige que le chef soit animé de la volonté de vaincre et que son action personnelle se manifeste avec la plus grande vigueur, d'abord pour briser la volonté de l'adversaire, ensuite pour lui imposer la s'enne. Elle ne connaît qu'un mode d'action : le combat, et, pour elle, combattre c'est attaquer, c'est aborder l'adversaire.

Cette doctrine a reçu sa première application au cours des deux premiers mois de la guerre, Joffre étant général en chef. Rappelons, en quelques mots, comment elle a été observée et les résultats qu'elle a donnés.

L'Allemagne nous a déclaré la guerre. Tous les citoyens courent aux armes, prêts au sacrifice de la vie pour sauver le pays.

Les Allemands ont sur nous une énorme supériorité numérique. Ils ont conçu un plan qui consiste à nous surprendre en violant la neutralité belge et à porter 12 corps d'armée sur nos derrières pendant qu'ils nous attaqueront de front par des forces supérieures.

Le premier ordre que donne Joffre à ses armées, c'est de devancer l'offensive de l'ennemi en l'attaquant d'une manière foudroyante, ce qui lui assure tout de suite sa liberté d'action.

Étant avisé de la marche de la masse enveloppante, il lui oppose des forces qui la contiennent sur tout son front, l'empêchent de trouver notre aile gauche et, par conséquent, de la tourner.

Alors se livre la bataille des frontières. D'ores et déjà, la manœuvre de l'ennemi a échoué en ce qu'elle avait d'essentiel. Joffre a brisé la volonté de l'adversaire.

Mais, partout, ses troupes se sont heurtées à des forces supérieures et ont dû reculer.

Loin de se considérer comme battu par l'ennemi, Joffre annonce à ses troupes, ce qu'il va faire pour le battre. Il profite de ce qu'il est obligé de reculer pour l'attirer à l'intérieur du territoire, l'obligeant ainsi à s'égrener et à s'éloigner de ses renforts, alors que lui se concentre et se rapproche des siens

Arrivé sur la Marne, il se trouve le plus fort. Il peut alors imposer sa volonté à l'adversaire; il lui livre la bataille de la Marne et l'oblige à reculer.

La doctrine du courage a été également appliquée par Foch au cours des tout derniers mois de la guerre.

Les Allemands ont affirmé leur supériorité d'une manière éclatante par trois retentissants succès. Les deux premiers menaçaient de jeter les Anglais à la mer. Le troisième mettait Paris en péril.

Foch a reçu le commandement suprême.

On lui donne des armées battues et on lui demande de mettre fin à la guerre. Il n'hésite pas à accepter pareille mission.

Il rétablit le courage de nos alliés, excite celui des Français et, en les trois circonstances, il empêche l'ennemi de poursuivre sa marche victorieuse. Il a alors brisé sa volonté.

L'ennemi veut élargir son front d'attaque sur la capitale. Foch trouve le moyen de s'y opposer en faisant usage de 'a surprise et de la ruse. Constatant alors que l'ennemi ne peut exécuter sa propre volonté, il va maintenant lui imposer la sienne. A ce moment, le concours des Américains lui assure la supériorité numérique; il est donc en mesure de passer à l'offensive. il ne donnera plus dorénavant qu'un seul ordre : Attaquez! Attaquez ! sans répit.

C'est alors qu'il conçoit et met à exécution aussitôt qu'il le peut sa manœuvre de Mézières, qui doit lui permettre d'en finir avec l'ennemi. Une première fois cette manœuvre échoue. Une deuxième, elle réussit.

Tout le front ennemi s'effondre Le Gouvernement allemand, pour éviter la capitulation dont ses troupes sont menacées, se considérant comme vaincu, demande un armistice qui met fin à la guerre.

Il est intéressant de comparer nos deux grands chefs, par l'application qu'ils ont faite de la doctrine du courage.

Tous les deux avaient la même foi absolue dans la victoire et c'est dans les revers qu'ils l'ont affirmée avec la plus grande énergie.

Joffre n'a fait qu'exécuter le Règlement de 1914 qui lui prescrivait de prendre l'offensive avec violence et acharnement pour paralyser l'action de l'adversaire.

Foch a obéi à sa doctrine, qui lui faisait un devoir d'imposer sa propre volonté à l'adversaire et, par conséquent, de l'attaquer.

Tous les deux ont été amenés, en premier lieu, à attaquer du faible au fort. Il fallait pour cela que leurs soldats affirmassent un courage supérieur à celui de l'adversaire. Joffre était convaincu que les siens, prêts au sacrifice de la vie, lui obéiraient quand il leur prescrirait d'attaquer d'une manière foudroyante.

Foch, au contraire, dirigeait sans les commander, des troupes battues et découragées. Il fallait donc qu'il commençât par rétablir leur courage.

D'autre part, Joffre et Foch savaient qu'ils ne pourraient remporter une victoire décisive qu'en attaquant du fort au faible, c'est-à-dire en disposant à la fois de la supériorité du nombre, du matériel et du courage.

Joffre sut réaliser ce tour de force qui lui permit, alors qu'il avait été battu tactiquement et considérablement affaibli, de se trouver sur la Marne, à tous les points de vue, plus fort que l'adversaire, tout en étant, en outre, en mesure de l'attaquer, à la fois de front et de flanc. Et, alors, il a vaincu.

Foch, lui, n'a pas eu à demander à son action personnelle de lui attribuer la supériorité générale. Ce sont les Américains qui la lui ont donnée. Son action personnelle s'est affirmée par la conception de la manœuvre de Mézières qui, en ayant pour effet de prendre l'ennemi par son point le plus faible, obligeait ce dernier à rompre son front de bataille et à battre précipitamment en retraite.

En un mot, Joffre et Foch ont d'abord attaqué l'ennemi du faible au fort et, de ce fait, ils l'ont empêché de vaincre. Tous les deux l'ont finalement attaqué du fort au faible et ils l'ont vaincu.

Joffre a affirmé son génie surtout par son admirable manœuvre de la Marne.

Foch a affirmé le sien surtout en sachant restituer le courage à des troupes qui n'en avaient plus.

Tous les deux ont donc contribué également au gain de « la plus grande bataille de l'histoire ». Foch a, dans sa proclamation, attribué cette victoire à ses soldats. Les soldats de Joffre y ont le même droit. Les premiers auraient-ils « fini », si les seconds n'avaient pas « commencé » ?

Foch, d'ailleurs, n'a jamais cessé de rendre le plus éclatant hommage au vainqueur de la Marne. Il a dit un jour à l'auteur de ces lignes : « Le père Joffre était, en France, le seul général capable de gagner cette bataille. »

Joffre et Foch doivent donc avoir la même place parmi les plus grands serviteurs de la

France, et l'histoire ajoutera : parmi les plus grands capitaines du monde.

La doctrine de la puissance du feu a consisté, d'abord, l'infanterie conservant le rôle principal, à demander à l'artillerie tout l'effort, dont elle est capable pour faciliter sa tâche et réduire le plus possible ses pertes.

Elle a eu, ensuite, pour objet d'attribuer à l'artillerie le rôle capital, en admettant qu'elle pouvait, à elle toute seule, déloger l'ennemi de sa position, l'infanterie n'ayant qu'à faire un faible effort pour l'occuper.

La première application de cette doctrine a été faite par Joffre au cours des années 1915 et 1916. L'ennemi a pris une solide position sur notre territoire. Il s'agit de l'en déloger en commençant par créer dans son front une brèche de grande importance.

On ne met pas en doute que l'artillerie, bien employée, ne puisse amener ce résultat. Tout est fait pour porter au suprême degré la puissance de son feu.

Le front ennemi est attaqué par des forces de plus en plus nombreuses, appuyées par une artillerie de plus en plus forte et fortement armée. Pour faciliter la tâche de l'infanterie, l'artillerie prépare ses attaques pendant plusieurs jours et même plus d'une semaine. Et cependant, quand l'infanterie se porte en avant, elle est généralement arrêtée par des obstacles qui n'ont pas été détruits et, de ce fait, mise dans l'obligation de reculer.

Bien plus, on constate que la durée des préparations a souvent pour effet d'augmenter la force de résistance de l'ennemi. Au bout de deux années de luttes sanglantes, les Allemands, à quelques kilomètres près, occupaient à la fin de 1916 les mêmes emplacements qu'à la fin de 1914.

La deuxième application a été faite par Nivelle. Cet officier général, qui appartient à l'artillerie, s'appuyant sur sa propre expérience, ne met pas en doute que, maniée par lui, son arme peut, dans tous les cas et en quelques instants, déloger l'ennemi de la position qu'il défend, aussi forte qu'elle soit, l'infanterie n'ayant plus qu'à l'occuper.

Pour lui, le combat est une lutte dans laquelle n'entrent que deux éléments, les effectifs et le matériel.

Il a la supériorité numérique et la supériorité matérielle; aussi, en prenant le commandement, il annonce bien haut que la victoire est certaine.

A ses yeux, les facteurs moraux n'ont pas à entrer en ligne de compte, les effets de l'artillerie devant, d'ailleurs, les rendre superflus. Il en donne la preuve en n'hésitant pas à livrer une grande bataille, bien qu'il sache que même ses collaborateurs immédiats n'ont pas foi dans le succès. Il est battu; ses troupes subissent des pertes cruelles. On lui avait confié une armée dont il proclamait la vaillance, il la rend découragée et désobéissante.

La troisième application a été faite par le général Pétain.

Pour ménager la vie de ses soldats. Pétain a, comme constante préoccupation, de tirer tout le parti possible de son artillerie. Il peut alors constater que, plus ses soldats se sentent soutenus par le canon, plus ils mettent de vigueur à aborder l'adversaire, plus ils se montrent courageux et il est alors porté par eux au commandement suprême.

Mais, Pétain a déduit des enseignements de la guerre, que le feu est l'élément prépondérant du succès.

Une fois à la tête de l'armée, il met ce principe à la base d'un nouveau règlement.

Tant pour rétablir le courage de ses soldats que pour prouver qu'il était dans le vrai, en montrant que l'artillerie bien conduite peut déloger presque à elle toute seule l'ennemi de sa position, il organise les affaires du Mort-Homme et de la Malmaison.

L'expérience est loin d'être concluante. Cependant Pétain, par la conduite de ses troupes, est en droit de considérer son premier but comme attteint.

Il ne devait pas toutefois tarder à reconnaître que sa nouvelle doctrine était impuissante à chasser l'ennemi du territoire, et même à donner à nos alliés le secours qui leur était nécessaire pour échapper à la catastrophe dont ils étaient menacés.

En résumé, la doctrine de la puissance du feu, appliquée par Joffre pendant deux ans, n'a pas permis à l'armée de faire dans le front de l'ennemi une brèche de quelque importance.

Avec Nivelle, elle a eu pour effet de détruire le moral de l'armée.

Avec Pétain, quand elle a été réglementée, elle n'a rétabli ce moral que conditionnellement. D'autre part, elle n'a pas amené le recul de l'ennemi.

Avant de conclure, il est encore nécessaire d'établir l'importance des pertes en hommes résultant de l'application de l'une et l'autre de ces deux doctrines.

Sous le commandement de Joffre, la bataille des frontières et la bataille de la Marne nous ont coûté en morts sur le terrain, disparus et prisonniers 313.000 hommes (1).

Sous ce même commandement, les attaques organisées en 1915 et 1916, nous ont coûté

____

(1) Voir la note de la page 37.

512.000 hommes [abstraction faite des pertes subies dans la course à la mer (104.000) et dans l'affaire de Verdun (180.000)].

La bataille du Chemin des Dames, sous Nivelle, nous a coûté 87.000 hommes.

Les combats des Flandres, du Mort-Homme et de la Malmaison, sous Pétain, 38.000 hommes.

Sous le commandement de Foch, la campagne défensive de 1918 nous a coûté 145.000 hommes, la campagne offensive 110.000 hommes.

Si l'on fait la récapitulation, on constate que la doctrine du courage nous a coûté 560 000 hommes et la doctrine de la puissance du feu, 843.000. On arrive ainsi au chiffre total des pertes pendant toute la durée de la guerre de 1.503.000 hommes.

Nous pouvons, maintenant, conclure.

Le commandement disposait de deux éléments principaux pour remplir sa mission : le courage des soldats, la puissance du feu de l'artillerie.

Le courage de nos soldats nous a valu les plus grandes victoires avec les moindres pertes. La puissance du feu de l'artillerie ne nous a valu que des insuccès en nous coûtant beaucoup plus cher, l'ennemi, pendant plus de trois ans, pouvant brûler, piller, dévaster tout à son aise le sol de la patrie.

Nous pouvons donc proclamer bien haut, comme une vérité indiscutable, que le courage de nos soldats, et particulièrement le courage de notre infanterie, a eu, dans le succès, la prépondérance la plus marquée; en d'autres termes, que l'infanterie a été, dans la Grande Guerre, ce qu'elle avait toujours été, et nous ajouterons ce qu'elle sera toujours, *l'artisan premier de la victoire*.

Nous avons, dans notre préambule, constaté que ce fait avait besoin d'être mis en pleine lumière; nous avons signalé la gravité de l'erreur que nous commettons en faisant de l'artillerie l'arme des succès décisifs; nous avons enfin précisé les mesures que nous devons prendre pour en éviter les désastreux effets.

Puisse se faire entendre la voix du plus ancien des fantassins!

2 octobre 1929.

TABLE DES MATIÈRES

Requête ouverte adressée au haut commande-
ment.   1

**L'INFANTERIE
ARTISAN PREMIER DE LA VICTOIRE**

Applications des deux doctrines de guerre.   29

  I. — La doctrine du courage et du règlement
     de 1914.   29

     Commandement du général Joffre.   34

  II. — La doctrine de la puissance du feu . . .   41

    A) Commandement du général Joffre . . .   41
    B) Commandement du général Nivelle. . .   49
    C) Commandement du général Pétain.   56

      Pétain subordonné.   56
      Pétain général en chef.   59

  III. — La doctrine du courage du professeur Foch   79

    A) Première application (Bataille des
      Flandres).   81
    B) Commandement du généralissime Foch.   86

  IV. — Le rôle de l'artillerie apprécié par son
     ancien grand maître.   101

  V. — Conclusion : l'infanterie artisan pre-
    mier de la victoire.   127

IMPRIMERIE BERGER-LEVRAULT, NANCY-PARIS-STRASBOURG — 1929

BERGER-LEVRAULT, LIBRAIRES-ÉDITEURS

NANCY	PARIS	STRASBOURG
18, RUE DES GLACIS	5, RUE AUGUSTE-COMTE (VIᵉ)	23, PLACE BROGLIE

Général Arthur BOUCHER

ANCIEN CHEF DU BUREAU DES OPÉRATIONS A L'ÉTAT-MAJOR DE L'ARMÉE
ANCIEN PRÉSIDENT DE L'ASSOCIATION DES ÉTUDES GRECQUES

L'ART DE VAINCRE

AUX DEUX PÔLES DE L'HISTOIRE

SA LOI ÉTERNELLE

HOMÈRE
SPARTE ET ATHÈNES - ALEXANDRE
NAPOLÉON
LA GRANDE GUERRE

*Votre thèse et les applications que vous
en faites sont incontestablement très justes.*
Maréchal FOCH.

*Il ne suffit pas de parcourir votre livre,
il mérite d'être approfondi.*
Maréchal PÉTAIN.

Ouvrage couronné par l'Académie française

1928. Un volume in-8 de 405 pages, avec 6 croquis. . . . **24 fr.**

9 782329 199481